チャクラの教科書

潜在能力を100％引き出し、
人生を変える

Chakra Work© Masumi

めるくまーる

はじめに──チャクラワークとは？──

チャクラワークは、ヒマラヤヨーガの奥義であるクリヤ法（主にプラーナーヤーマなどの浄化法）をベースに、目で見ることのできないチャクラシステムを、現代の解剖生理学を根拠に分かりやすく解説した心身統合と覚醒のメソッドです。チャクラを活性化させるアーサナ（ポーズ）やクリヤ法に加え、インドやバリ島で培われたさまざまなエネルギーワークとガイド瞑想を実践することで、自分の身体を通して各チャクラの性質や働きに対する理解を深めることができます。

まず、本書のCHAPTER1では、ヨーガの基本となるアーサナや呼吸法、瞑想法のポイントを紹介します。続くCHAPTER2では、チャクラについて深く知るために、チャクラの起源やヨーガの身体観、肉体とチャクラとの関係性などを解説します。CHAPTER3以降の各チャクラの解説では、各チャクラの働きを高めるアーサナやクリヤ法、エネルギーワーク、ガイド瞑想に加え、解剖生理学に基づいた身体の使い方のポイントなどを紹介します。

本書を読んでいるあなたは、「目に見えないチャクラを学ぶなんて難しそう……」といった不安をお持ちかもしれません。もちろんチャクラを学ぶうえで理論は必要ですが、何よりもこだわり過ぎず、身体と心をリラックスさせて気持ち良くワークすることが大切です。

毎日数分でもよいので、自分と向き合う時間をつくり、チャクラをイメージしながらワークを続けていきましょう。本書で紹介する一連のワークを毎日行うと、各チャクラを流れるエネルギーを感じやすくなり、見えないチャクラがリアルなものに思えてくるかもしれません。すると、程なくして身体が健やかに感じられたり、心がおおらかになったりするなどの変化を実感することでしょう。

さらにワークを続けていくと、自分をありのまま見ることができるようになり、思考や心理状態を俯瞰できるようになります。この時期にはいままで気づくことのなかったあなたの中に眠っていた才能や本来の能力に気づくことになるでしょう。こうした感覚が得られるようになったらこっちのもの。あなたは人生をパワフルに楽しめるようになっているはずです！　どうしてこのようなことが可能になるのでしょうか？

チャクラワークを毎日実践すると、肉体と精神、魂が統合され、バランスが整うのです。本書ではチャクラワークを通して「みなさんの潜在能力を引き出し、人生を好転させる秘訣」を教えます。そこで、まずはチャクラワークを実践する際に押さえておきたいポイントを紹介します。

I

チャクラを知る

健康になるためには、心身のバランスが整っているだけでは十分とは言えません。家族や友人との良好な人間関係や仕事、趣味、社会貢献に参画できているかなど、さまざまな領域でバランスが取れていることが大切です。後述するように、人体には七つの主要なチャクラがあり、粗大身（目に見える肉体）と微細身《みさいしん》（目に見えない感情・思考・魂など）との架け橋となっています。本書で紹介するワークを行い、各チャクラに働きかけることによって、肉体と精神、魂のバランスが整い、さまざまな領域で自己実現が可能になります。これによって本来の意味での健康を手に入れ、幸せに生きることができるようになるのです。

そこで、まずは各チャクラの解説とチャクラチャートを参考にしながら、現在のあなたの状態をチェックしてみましょう。そして、本書を見ながら、第1チャクラから1回ずつワークをやってみてください。最初のうちはとにかく最後まで続け、気負わず短時間でもよいので毎日ワークをしていきましょう。ワークが一巡すると、筋骨格系や内臓機能が整うので、姿勢が良くなったり、感情や思考が落ち着いたりするのを実感するはずです。これは、チャクラのバランスが整ってきているサインです。継続してワークに取り組んでいきましょう。

また、ワークの中で違和感があるチャクラは、あなたの弱点の場合があります。本書の解説とチャクラチャートをよく読み、無意識に取っている行動や自分の考え方などに偏りがないかをチェックしてみてください。本書でチャクラの性質を知り、ワークをすることで、自然とあなたのチャクラが開花し始めます。実生活でも新しい出会いやチャンスが訪れるなど、目に見える変化を感じることになるでしょう。

Ⅱ チャクラが育つ時期とシュタイナーの魂の成長

私の子供は1歳から7歳頃まで、シュタイナー教育の教師がいるバリ島のウブドのコミュニティに属していました。シュタイナー教育とは、ドイツでは「ヴァルドルフ教育」と言い、神秘思想家・哲学者・教育者など多彩な顔を持つルドルフ・シュタイナーが提唱した芸術教育です。

そうした環境の中で、私はシュタイナー自身が東洋思想を取り入れていることを知りました。シュタイナー教育に関心を持った私は実際にその教えを学んでみたところ、ヒマラヤで学んできたチャクラの教えと重なり合うところが多いことが分かったのです。

そこで、本書では、ヒマラヤのチャクラの教えとシュタイナーの思想を参照しながら、七つのチャクラのエネルギーが育つと考えられている時期についても解説します。さらに、みなさんの参考になるように、私自身の魂の成長のプロセスも綴りたいと思います。

なお、自分の年齢とチャクラの成長時期が異なる場合、「ワークを行っても効果がないのでは？」と疑問を持たれる方がいるかもしれません。しかし、「将来に最善の選択と行動を取る準備になること」「たとえ、チャクラが未発達であってもいつでも育て直すことができること」を知っておくとよいでしょう。

Ⅲ チャクラワークを実践する際の心得

チャクラワークは「まずは頭で考え過ぎずに感じてやってみる」ことをモットーにしています。とはいえ、押さえておきたい最低限の理論やポイントはあります。そこで、チャクラワークに取り組む際の注意点をまとめました。継続は力なり！　毎日少しずつでもよいので楽しくワークを続けていきましょう。

まずは、本書を通読し、チャクラワークの全体の流れをイメージしてみてください（初めのうちはよく分からなくても大丈夫です）。各チャクラのワーク（アーサナ、クリヤ法、エネルギーワーク、ガイド瞑想）は最低でも1週間、可能であれば2週間続けることが大切です。本書とQRコードにリンクされた動画を見ながら、毎日続けてみましょう。この時、必ず本書に沿ってワークを行うようにしてください。これによって、あなたの中のチャクラが着実に育まれていきます。そこで、以下の五つのポイントを踏まえたうえでワークに取り組んでみましょう。

・ワークをするのはすがすがしいプラーナ（ヨーガで言うエネルギー、P049）を受け取れる朝の時間帯がベスト。時間が取れない方は夕食前に行ってもよいでしょう。

・ワークでは身体をねじったり、息を止めたりします。必ず空腹時に行いましょう。

・時間がなければアーサナの種類を減らしたり、クリヤ法、瞑想を行ったりするだけでもＯＫです。

・アーサナやクリヤ法を行う際は不快ではないかをしっかりと見極めることが大切です。心身の声をよく聞きながらゆっくりと丁寧に行いましょう。

・生活の中でチャクラを意識してみましょう。チャクラに働きかけることでエネルギーが活性化し、その特性に見合った出来事や出会いが展開していきます。

それでは、まずはワークの中心となるヨーガの基本を解説します。

CHAPTER 4 第2チャクラ

── スワーディシュターナ・チャクラ ──

CHAPTER 7

第5チャクラ
―ヴィシュッダ・チャクラ―

CHAPTER 8

第6チャクラ

―― アージュニャー・チャクラ ――

CHAPTER 9

第7チャクラ

――サハスラーラ・チャクラ――

CHAPTER 10

人生を変える

CHAPTER

1

ヨーガの基本

योग बसचि्स्

なぜヨーガをするのか？

本書を手に取られている方の多くがヨーガ愛好家か、ヨーガに関心がある方かと思います。とはいえ、ヨーガには欧米のフィットネス要素の強いものやインド古来のハタ・ヨーガをはじめとしてさまざまなスタイルがあり、その教えや方法も異なります。では、そもそもヨーガの目的とは何なのでしょうか？

ヨーガにはサンスクリット語で「結ぶ・つなぐ」という意味があり、具体的にはアーサナや瞑想を通して心身の研鑽を積み重ねるインドの伝統的な行法を指します。このヨーガのプロセスは、B.C.15世紀からB.C.5世紀の間に成立したとされるインド古代の経典『ウパニシャッド』の「梵《ぼん》我《が》一如《いちにょ》」の教えと密接に関係しています。これは宇宙の原理である「ブラフマン」（梵）と個人の魂「アートマン」（我）が同一であるという思想です。

ヨーガはこの思想を根本において、アーサナや呼吸法・瞑想を通して個の身体に働き掛け、宇宙の原理を体得することによって、最終的には自分が生み出す「業《カルマ》」から解脱することを目指します。その結果、本来の意味での幸せを手に入れることができると言われています。

現代社会の中で生活をしていると、ストレスや人間関係、生活習慣などのさまざまな影響を受け、本来の自分の姿を見失いがちになったり、心身に不調がもたらされたりすることが数多くあります。そういった時にこそヨーガは智慧を与えてくれるのです。

かくいう私もグラフィックデザイナーをしていた時はデスクワークで姿勢が崩れ、呼吸が浅い状態が続いていました。このような状態を放置していたところ、次第に気持ちが落ち込み、ネガティブな感情の連鎖に苦しむようになりました。そういった時に意識したいのが、「自分のいまの状態に気づく」（アウェアネス）というヨーガの教えです。ヨーガでは何よりもまず自分を見つめる目を養うことになります。みなさんの中には「そんなの簡単だよ」と思われる方もいるかもしれませんが、現代社会の中で生活していると、感情や思考の癖、過去のトラウマなどによって本来の気づきが得られない状態になってしまいます。では、気づきを得るにはどうしたらよいのでしょうか？

私がヒマラヤで師事した大聖者パイロットババジ（以下、ババジ）は、「段階を踏めば、誰でも自然と気づきを得ることができる」とおっしゃっていました。チャクラワークでは、このババジの教えをベースに、七つのチャクラに対応した「身体」「感情」「思考・メンタル」「知性・愛」「魂」「叡智」「無の境地」といった段階的なステップを踏むことで、ヨーガ初心者の方でも自然と深い気づきを得ることができるようにプログラムを構成しています。

具体的には、アーサナによって身体の癖で歪んだ筋骨格系と内臓を矯正し、身体を本来あるべき状態に戻します。さらに、クリヤ法や各チャクラのエネルギーを高めるガイド瞑想などを実践することで、過去の記憶や思考の癖を整理する方法をマスターしていきます。これらのステップを踏んで心身を整えていくと、本来の自分のあり方に自然と気づけるようになります。するると、たとえ心身に癖がついていたとしてもいつでも自分で正しい軸へと戻すことができるようになるのです。本書では、チャクラワークのエッセンスを凝縮してみなさんに紹介したいと思います。

クリヤ法でサットヴァの状態をつくる

ヨーガと言うと、アーサナにばかり目が行きがちですが、ヒマラヤではクリヤ法をマスターすることが「心を制覇する」と言われています。そこで、大切になるのが世界を構成する三つの質（トリグナ）を理解することです。ヨーガでは、世界と調和することを重視していますが、その鍵を握るのが「サットヴァ」「ラジャス」「タマス」という質のバランスを保つことだと

言われています。では、それぞれの質の特性を見ていきましょう。

まず、サットヴァとは、「平和で澄み切った純粋な状態」を指します。ヨーガでは、このサットヴァこそが最高な状態とされており、清らかで、明晰で、思慮深く、穏やかであるといった人間の良い面が表れている状態だと言われています。またラジャスは、活動的でアグレッシブな状態のことを指し、タマスは、不活発で停滞した状態を示します。一見これらの状態は好ましくないように思われるかもしれませんが、私たちの生活のリズムを整えるためには、これらの状態も常に意識することが大切になります。特に呼吸法の習得は、これらの状態のバランスを適正に保つのに役立ちます。本章では各チャクラを活性化するシンプルかつ強力なクリヤ法の基本を紹介します。

座る際の姿勢のつくり方

アーサナや瞑想時には安定した姿勢を保つことが大切です。これによって、身体のコアの筋肉を強化し、集中力を高め、サットヴァな状態を維持できるようになります。

❶ 足を組んであぐらになる（股関節が硬い場合は尻の下にクッションを敷く）。

❷ 股関節を90度程度しっかりと曲げながら、骨盤の前面を締める意識を持つ。

❸ 息を吸い込みながら、頭頂部を上方に真っすぐ向けて胴体を引き伸ばし、息を吐きながら大地を尻で押すようなイメージを持つ。さらに息を吸い、身体全体を前後左右に穏やかに広げる。

❹ 息を吐きながら肩の力を抜き、背骨は自然なS字カーブを描き、顎は水平を保っている状態をつくる。

❺ 頭の重さを背骨で受け止め、骨盤で支えているのを感じながら、身体を左右前後に微細に動かす。ベストな中心軸のポジションを探し出し、見つかったら静止して深呼吸を行う。

サードアイを起こす

ババジは常に「サードアイ（アージュニャー・チャクラ、P189）をまず起こしてからヨーガをしなさい」「観照する目が起きていないと、どんなワークや体験をしても気づくことができないよ」とおっしゃっていました。このメソッドはワークを始める前だけでなく、本を読んだり、人に会ったりする前など、気づきを得たい時におすすめです。

❶ 3回程度息を深く吐く（頭と身体を空っぽにし、鼻から息を吸って口から大きく息を吐き切る）。

※鼻よりも口を用いると、息をより深く吐けるので簡単にリラックスできる。

❷ 顎を少し上げ鼻から息を吸いながら、サードアイ（目の奥のやや上）にプラーナ（P049）の振動を当てるように意識する（顎の角度や呼吸の強さは自分の感覚を頼りに調節する）。

3 サードアイにプラーナを残したままの状態で顎を水平に戻す。その後、鼻から息を吐きながら、プラーナが身体の中心から骨盤底を通って大地まで下りていく（グラウンディング、P075）ようにイメージする。

三つの基本の呼吸法

クリヤ法のベースとなる三つの基本の呼吸法を紹介します。無理せず、気持ち良くサットヴァな状態を保つような意識で練習しましょう。

1 腹式呼吸法

横隔膜と腹部を大きく動かしながら行う呼吸法です。下半身の血行を促進し、内臓をマッサージする作用があり、副交感神経を優位にし、心身をリラックスさせます。

❶ 背骨を伸ばして心地良く座り、両手を下腹部にやさしく置く。

❷ 腹部をへこまし、骨盤底筋を締め、鼻から息をゆっくりと吐き切る。

❸ 腹部と骨盤底を膨らませながら、鼻から息を吸う。

❹ 吐く息は吸う息の倍の時間をかけてゆっくりと吐く。

❺ 吸う息は腹部をふわっと緩めて吸う。これを2、3分続ける。

❻ 息を吐き切ったら、骨盤底筋を締めて2、3カウント息を止めてから自然呼吸に戻る。

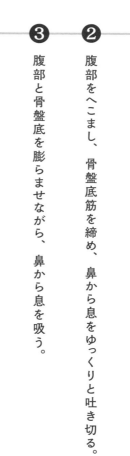

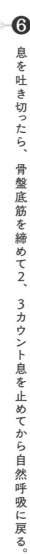

2 胸式呼吸法

胸や肩、首の筋肉を使い、胸郭を広げて体幹を整えます。交感神経が優位になり、すがすがしい気分になります。

❶ 背骨を伸ばして心地良く座り、両手を胸の上にやさしく置く。

❷ 腹部をへこまし、骨盤底筋を締め、息を吐き切る。

❸ 腹部をへこませたまま、背骨を上方に少し引き伸ばしながら、鼻から息を吸い込み、胸を前後左右に広げていく。

❹ 息を吸い切る際は顎を少し引いて、肺が鎖骨より上方まで広がり、喉まで持ち上がるようにイメージする。

❺ 息を吐く際はゆっくりと胸を撫で下ろすようにする。そして、腹部をへこませ骨盤底筋

を締め、慣れないうちは鼻から吸って口をすぼめて吐く。慣れてきた人は鼻から吸って、鼻から吐き切る。１分程度続けたら自然呼吸に戻る。

3 完全呼吸法

腹式呼吸法と胸式呼吸法をつなげて、肺全体を大きく使う呼吸法です。英語では「ヨギックブレス」と言い、ヨーガでは重要な技法の一つでもあります。慣れてきたら、この呼吸法でアーサナをしてみると大変効果的です。

❶ 背骨を伸ばして心地良く座り、手を胸と下腹部の上にやさしく置く。

❷ 腹部をへこまし、骨盤底筋を締め、息を吐き切る。
※息を吐く際、最初は口呼吸でもよいが、慣れてきたら鼻呼吸で行う。

❸ 腹部と骨盤底を膨ませながら、鼻から息を吸う。

❹ 背骨を上方に引き伸ばしながら、胸部を開いて息を入れていく（この時、腹部は自然に少しへこむ）。
※息を入れる場所の順番は、骨盤底↓下腹部↓肋骨下部↓胸↓鎖骨↓背中となる。

❺ 少し息を止めてから胸を撫で下ろすようにしながらゆっくりと息を吐いていき、腹部と骨盤底筋を締めて吐き切る。

❻ ❶～❺をつなげて繰り返し行う。

❼ 最後は腹部をへこませ、骨盤底筋を締めて息を吐き切ってから、これらを緩めて自然呼吸に戻る。
※息苦しさを感じないように、サットヴァな状態を意識しながら行う。

完全呼吸法

呼吸の際は胸と下腹部の上に手を置いて波のように動いているのを感じながら行う。

瞑想で人生の質を高める

前述した通り、ヨーガでは気づきを得ることを重視しています。そのため、自分の内面を観察する瞑想は必須のプロセスだと言えます。とはいえ、「アーサナよりつまらない」「やってみたけど思考が落ち着かない」という声をよく聞きます。そうしたみなさんの声にお応えして、本項ではもっともシンプルかつ作用が強い瞑想法を紹介します。

観照者になる瞑想

この瞑想は自分を客観的に見つめる方法です。まず初めに静かな場所を選び、姿勢を整え座ってみましょう。そして、目を閉じて深呼吸し、身体の感覚とつながるように意識してみてください。その後、3分程度腹式呼吸法を行い、サットヴァな状態をつくっていきます。

次に、後頭部を手で触り、額の辺りにある思考を頭の後ろ側に集め、客観的にいまの自分の状態を見つめてみてください。例えるならば、映画館で一番後ろの席に座って、自分の思考や身体の感覚がスクリーンに映し出されるのを見ているような状態です。

そのまま3～5分の間、その状態がもたらす感覚に集中してみましょう。思考が動いてもただ客観視を続けます。すると、少しずつ思考が静まっていき、身体の反応もリラックスしてくるのを感じます。その後は意識が空間に溶けていくような感覚が生まれます。そうしたら、その状態をキープしてみてください。

この瞑想を1日1回、5分程度続けてみましょう。この瞑想は心身をリセットして、まっさらな状態を意識的につくる方法です。慣れてきたら、生活の中でも瞑想の時間を少しずつつくってみるとよいでしょう。

瞑想の作用

瞑想はやってみないと本質的なことは分からず、実践を通して理解していくしかありません。そこで、私自身が実感した瞑想の作用を紹介します。以下の内容に興味がある方は、ぜひ日々のワークに瞑想を取り入れてみてください。

・脳の疲労がとれ、リラックス作用が得られる。

・目の前の幸せに気づき、感謝の気持ちが湧くようになる。
・気持ちがおおらかになる。
・集中力がもたらされ、仕事の効率が高まる。
・思考や感情をコントロールする力が養われる。
・ポジティブになり、人生が好転する。

瞑想を始めてこのような作用が現れてきたら、うまくいっている証拠です。毎日短い時間でもよいので、瞑想の習慣を身につけてみましょう。本書では、各チャクラに合わせたガイド瞑想を七つ紹介しています。観照者になる瞑想を難しく感じる方はこの中から自分に合う方法を見つけてみてください。

アライメントの重要性

アーサナをする際に大切になるのが、「アライメント」です。この用語を聞き慣れない方もいるかもしれません。ヨーガで言うアライメントとは「理想的な骨と骨格筋の配置」を指します。とはいえ、適正なアライメントは人によってまちまちです。

性別や体格、柔軟性などに個人差があるだけでなく、アーサナは流派によってポーズや動きが変わったりすることもあります。本書では、アーサナをする際に特に意識したい身体の使い方にポイントを絞って紹介しているので、参考にしてみてください。

また、アライメントを整える際には、力を向ける方向や重心の位置など基本となるルールがありますが、これも身体の癖によって人それぞれ違います。したがって、自分の身体とじっくり対話しながら、角度や強度を微調整していく必要があります。とはいえ、最初のうちは正解がなかなか分からないものです。

そこで紹介したいのが、ゆっくりとした動作を心掛けて自分の身体に意識を向けていく練習法です。この練習法を続けると、次第に適切なアライメントが分かってくるはずです。それでも難しいという声にお応えして私がアライメントを確認する際に意識しているポイントを二つ紹介したいと思います。

スッキリと気持ちの良い感覚が全身に広がっているか？

痛みを感じずに気持ち良いと感じるようであれば、関節が負担のかからない方向、角度になっていると考えられます。

呼吸が深まるかどうか？

関節や筋肉に負荷がかかり過ぎると呼吸が浅くなります。反対に呼吸が深まっているようであれば、良いアライメントになっていると考えられます。

なお、理想のアライメントばかりを追い求め過ぎてしまうと、身体に負担がかかりケガにつながる恐れがあるのでおすすめできません。「痛くなったら止める」「難しいポーズはしっかりと柔軟性をつけてからやる」などのことを念頭に置いて、焦らず理解を深めていきましょう。

三つの基本のバンダ

バンダはサンスクリット語で「締める」という意味があり、体内のプラーナ（P049）を操作するハタ・ヨーガのテクニックです。コアの筋肉を引き締め、身体を動かすことで、背骨を適正な位置に保ち、ケガを防ぎ、心身のパフォーマンスを高めます。アライメントを整える際にも、バンダは大変効果的なのでしっかりと身につけておきましょう。ヨーガでは主に三つのバンダを用います。

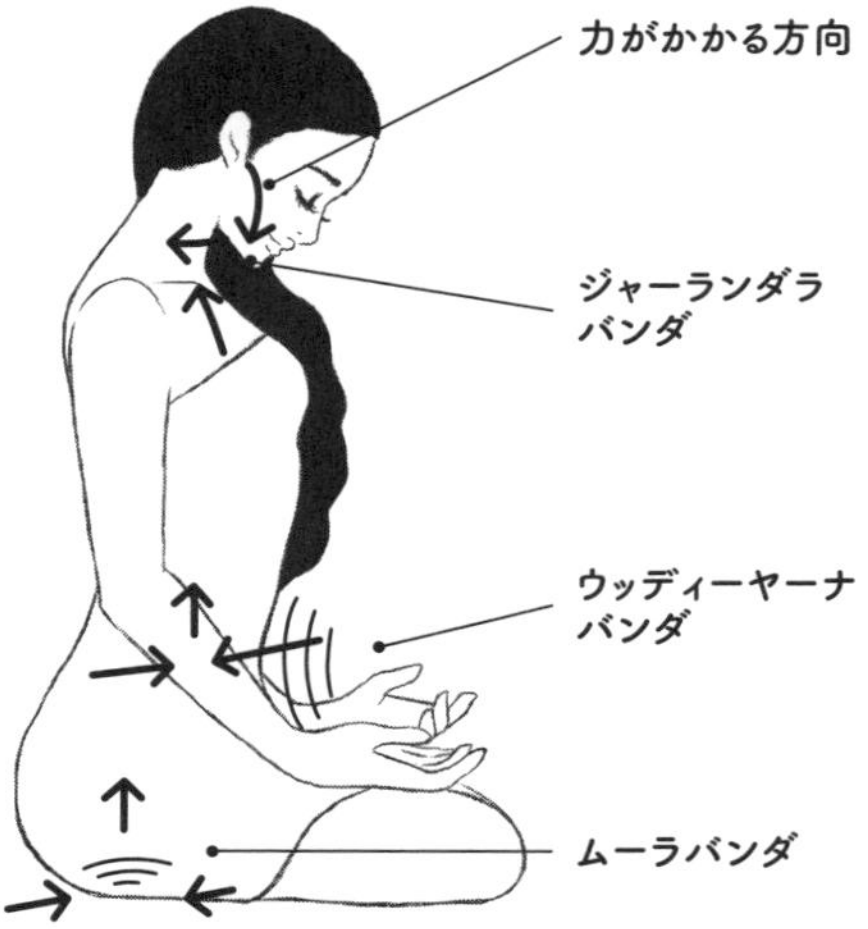

三つの基本のバンダ

1 ムーラバンダ

サンスクリット語で「根っこ締め」の意味。骨盤底筋を締め、会陰を引き上げます（女性の場合は膣）。腰や背骨を保護するだけでなく、アーサナの際に重要になる下丹田の力が入るようになります（詳細はP076、P088参照）。

2 ジャーランダラバンダ

サンスクリット語で「喉締め」の意味。顎を喉元に引き寄せ、首を前方に曲げます。これによって横隔膜が引き上げられ、胸と喉のスペースが広がるので、呼吸がしやすくなり、血液やリンパ液などの流れがスムーズになります。このバンダは首を保護する働きもあります（詳細はP169参照）。

3 ウッディーヤーナバンダ

サンスクリット語で「腹締め」の意味。腹部をへこまし、背筋を使って背骨の軸を伸ばします。しっかりと下腹部から持ち上げるようにすると、内臓の働きも活発になります。このバンダは腰を保護し、腹圧を高める働きがあります（詳細はP124参照）。

4 マハーバンダ

「マハー」とはサンスクリット語で「偉大な」という意味。マハーバンダは息を止めて（クンバカ）から、1〜3で紹介した三つのバンダで会陰・喉・腹部を順番に締めていくクリヤ法です。これによって体内のプラーナの流れを調整し、エネルギーを上昇させます。内分泌機能の調整や消化機能の改善、呼吸や瞑想が深まるなどの作用もあります。

ただし、息を止めるので、高血圧や心臓疾患のある方は控えてください。なお、初心者は息を止める時間を数秒にし、徐々に時間を伸ばしていくようにしましょう。

❶ 背骨を伸ばして心地良く座る。

❷ 息を吸いながらムーラバンダ（P076、P088）。

❸ 息を吐きながらジャーランダラバンダ（P169）。

❹ 息を吐き切ってから息を止めてウッディーヤーナバンダ（P124）を行い、そのままホールド。

❺ 苦しくない程度まで息を止めて、バンダを続ける（長くても30秒程度が目安）。

❻ バンダを解く際はまず喉を緩めてから息を吸い込み、腹部、骨盤底筋へと順を追って緩めていく。

❼ 深く息を吐いて、自然呼吸法に戻る。

太陽礼拝（スーリヤ・ナマスカーラ）

ハタ・ヨーガのエッセンスを取り入れたチャクラワークの基本となるアーサナが太陽礼拝です。太陽礼拝は、サンスクリット語でスーリヤ（太陽）・ナマスカーラ（礼拝）と言い、「太陽に感謝の気持ちを込めて行うアーサナ」のことを指します。短時間で側屈、ひねり以外のすべての動きを網羅できる優れもののアーサナです。

このアーサナを行うと背骨が柔軟になり、全身の筋肉も丈夫で良質なものへと変化します。なお、アーサナを行う際は太陽の黄金色のプラーナを体内に取り込むイメージで行いましょう。前述の三つのバンダ（P032）と完全呼吸法（P025）を取り入れると、安全かつ効果的な太陽礼拝ができるようになります。

1 合掌

両掌を胸の前で合わせて、太陽に祈りを捧げる。

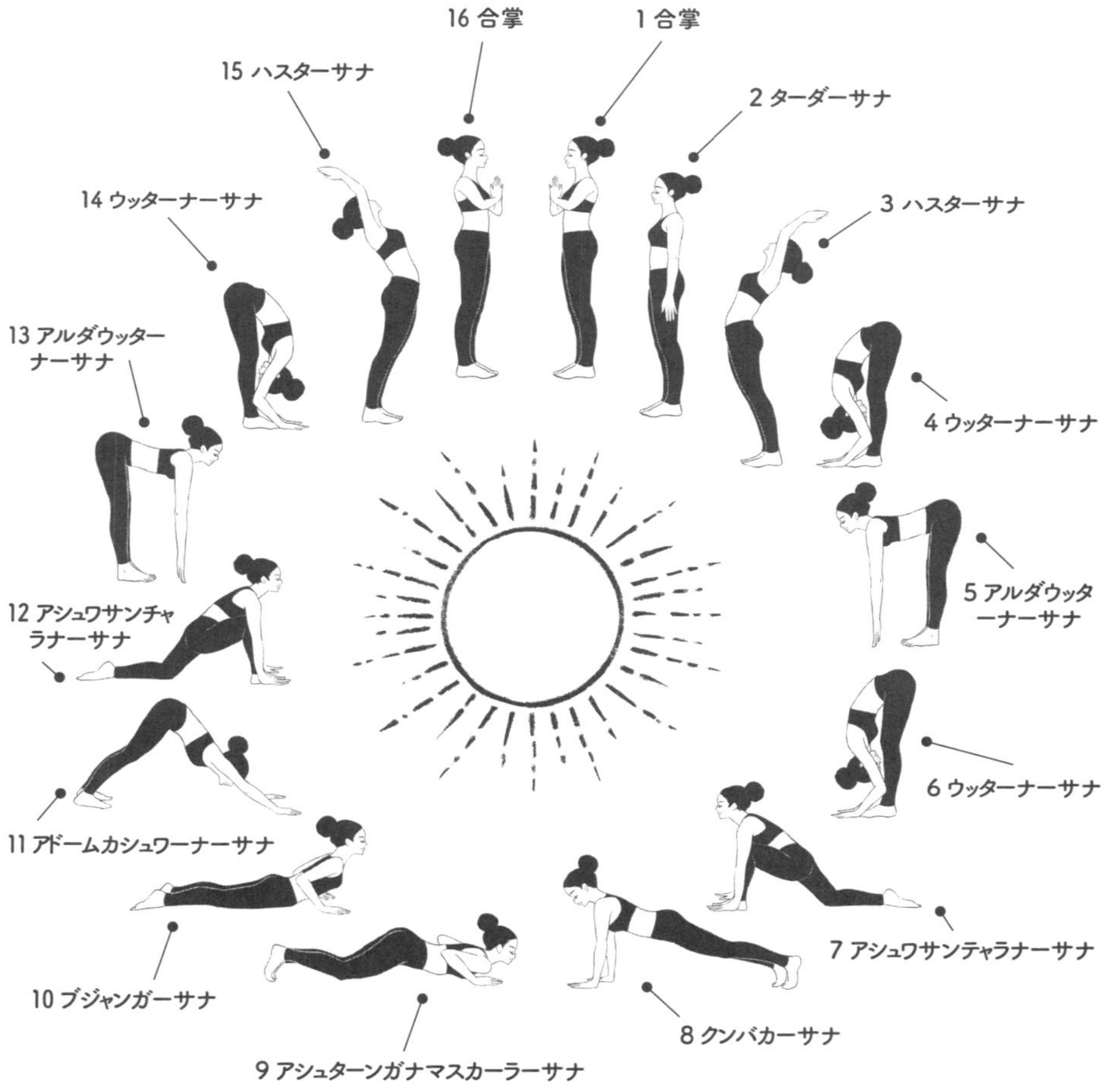
1 合掌
2 ターダーサナ
3 ハスターサナ
4 ウッターナーサナ
5 アルダウッターナーサナ
6 ウッターナーサナ
7 アシュワサンチャラナーサナ
8 クンバカーサナ
9 アシュターンガナマスカーラーサナ
10 ブジャンガーサナ
11 アドームカシュワーナーサナ
12 アシュワサンチャラナーサナ
13 アルダウッターナーサナ
14 ウッターナーサナ
15 ハスターサナ
16 合掌

太陽礼拝

2 ターダーサナ

大地を両脚でしっかりと押し、身体を伸ばして立ちます。ターダーサナは立位の基本となる重要なアーサナです。「ターダーサナ」にはサンスクリット語で「干し草が下から積み重なったポーズ」という意味があるため、下からアライメントを整えていくことがポイントとなります。

❶ 拳一つ分踵を開き、左右の親指の付け根だけがついた状態で直立する。

❷ 一度つま先をすべて上げて両足裏にアーチをつくってからつま先を下ろす。

❸ 両脛を横から中央に近づける。

❹ 膝を前腿の筋肉で引き上げ、前腿は内側に回し込む。

❺ 坐骨を下げ、恥骨は臍のほうへ引き上げ、腰を上下に引き伸ばす。

❻ 手首や掌を伸展させ、顎を水平にしてから背骨を縦に引き上げる。

❼ 最後は頭から身体がぶら下がっているイメージでプラーナをスシュムナーに通す（P222）。これによってアライメントが整う。

※人によって身体の癖があるので強度はさまざま。身体に痛みがないことや、呼吸が深く入ることを目安にする。

3 ハスターサナ

息を吸いながら両手を前方から上方に持ち上げる。腰を反らないように注意しながら、胸を開いて背骨を伸ばす。両足裏の重心は中心からつま先側へ移動する。

4 ウッターナーサナ

息を吐きながら前屈。膝を曲げてもよいので腹部を腿に近づけ坐骨を上方に向ける。首はリラックスし、両足裏の重心は踵側へ移動。

5 アルダウッターナーサナ

息を吸って、両膝と背骨を伸ばし、手の指先を床もしくは脛に移動させる。胸を開き、腰を伸ばして正面を見る。両足裏の重心はつま先側へ移動。

6 ウッターナーサナ

4と同様に行う。

7 アシュワサンチャラナーサナ（雄牛のポーズ）

息を吸いながら右脚を大きく後ろに引く。両手の指先を床に下ろし、さらに、後ろに引いた右脚の膝とつま先を床につけて、股関節を前後に開いて胸も開く。

8 クンバカーサナ（プランクポーズ）

息を止め、左脚を後ろに引いて右脚に揃え、両腕で床を力強く押す。さらに、左右の肩甲骨を離して背筋をまっすぐに伸ばす（動画ではクンバカーサナの前にアドームカシュワーナーサナを行っている）。

9 アシュターンガナマスカーラーサナ

息を半分吐きながら、肘は後ろに引いて胸と顎を床につける。この状態で1カウント程度ホールド。そして、息を吐き切りながら身体を前に伸ばし、額と両足の甲を床につけてうつ伏せになる。この時肘は立て、両掌は胸の横に置く。

10 ブジャンガーサナ（コブラのポーズ）

息を吸いながら、上体を引き伸ばすように持ち上げていく。恥骨で床を押し、坐骨は膝裏のほうへと引き下げ、首の後ろが詰まらないようにしながら前を見る。両腕は支えているだけの状態にする（詳細はP083を参照）。

11 アドームカシュワーナーサナ（下向きの犬のポーズ）

息を吐きながら、両つま先を立て、腰を持ち上げる。尻を斜め後ろへ押し出し、両手首から坐骨が一直線になるように背骨を伸ばす。そして、首をリラックスさせて両足の間を見る。膝は曲げてもよいので背骨を引き伸ばすことを意識する。この状態でホールドし、3～5回呼吸する。

12 アシュワサンチャラナーサナ（雄牛のポーズ）

息を吸って右足を少し持ち上げ、息を吐きながら右足を手の間に置く。左脚のつま先を床につけて伸ばし、股関節を前後に開いて胸を開く。この時、右脚の脛が床と90度になるように足の位置を調整する。

13 アルダウッターナーサナ

5と同様に行う。

14 ウッターナーサナ

4、6と同様に行う。

15 ハスターサナ

尻尾をたくし込みながらロールアップをして、息を吸い起き上がる。骨盤のアライメントをホールドしたまま、両手を前から上方に持ち上げ、胸を開き背骨を伸ばす。

16 合掌

再度両掌を胸に戻し、太陽に祈りを捧げる。

これらを左右交互に数回繰り返しましょう。ヨーガ初心者の方は、急いでやろうとして身体に痛みが出ないように気をつけてください。一つひとつのポーズごとにゆっくりと呼吸しながら練習を続けていくと徐々に身体の柔軟性が出てきます。

CHAPTER

2

チャクラとは?

वहतरे छक्रस्

チャクラの起源

チャクラのルーツは古代インドにあると言われています。前期ヴェーダ時代（B.C.30世紀〜B.C.18世紀）には現世利益、無病息災、豊作、戦の勝利などを祈る目的で「ヴェーダ儀礼」（ヤッギャ）が行われていました。この儀式では祭壇を設け、供物や生贄を捧げ、火を焚きながら神への祈りを捧げていましたが、後期ヴェーダ時代（B.C.18世紀〜B.C.5世紀）になると身体を祭壇に見立てるアイデアが生まれました。

この儀式では臍を燃え盛る炉に見立て、神の供物である食物が消化され、心臓に座するアートマンへと届く様子をイメージするようになりました。これが「アンタルホーマ」という技法へと発展しました。実はこの内なる儀式の際に意識を集中させるポイントがチャクラのルーツだと言われています。

西暦紀元前後の時期には、『バガヴァッド・ギーター』が編纂され、その中心的な教えである「バクティ・ヨーガ」（親愛のヨーガ）が広まりました。これがきっかけとなり、ヴェーダ儀礼は神への愛と献身を表現する「プージャ」という礼拝スタイルへと変化しました。

プージャは寺院で行われる花、果物、食べ物、鈴、水、香り、灯りなどを用いて神をもてなす儀式です（現在でもインドやバリ島のヒンドゥー教徒は日々プージャを行っています）。時代とともにプージャは、寺院と神を視覚化したヤントラ（図形）やマンダラへと変遷していきました。また、神をもてなす儀式もマントラ（聖なる音）やムドラー（手印）へと変わり、これらを中心にした瞑想が7〜8世紀には発展しました。

その後、8〜11世紀になると、身体を寺院と見立てて神を迎え入れる「内なるプージャ」という概念が生まれ、その儀式を行う際の神聖な場所としてチャクラが誕生するのです。ヴェーダ儀礼から始ま

後期ヴェーダ時代には臍を燃え盛る炉に見立て、
身体を祭壇に見立てるアイデアが生まれた。

ったチャクラの概念は、プージャとヨーガの技法を組み入れながら発展し、11世紀頃には現在知られる七つのチャクラシステムへと変貌を遂げました。

ちなみに、チャクラシステムはハタ・ヨーガ（P057）の技法の一環として口伝で伝えられてきましたが、18〜19世紀にはイギリスによるインドの植民地化によってヨーガ行者に対する弾圧が起こりました。

その過程でチャクラシステムが失われかけましたが、ヒマラヤのヨーガ行者やグルたちがその教えを守り抜いたと言われています。こうして長い年月を経て継承されたチャクラシステムは、古代インドの歴史と数多くのヨギーたちが育んだ人類への贈り物だと言えるでしょう。

ヴェーダ儀礼（ヤッギャ）

プラーナとは?

ハタ・ヨーガの教えを解説する前に「プラーナ」の概念について紹介します。プラーナとは、サンスクリット語で「呼吸・生命・光」を意味します。ちなみに、ハタ・ヨーガでは人間の心身や魂などを構成する要素や生命を司るエネルギーのことを指し、その実践中にプラーナをイメージすることを重視しています。実はプラーナをイメージしなければ、ヨーガはただの体操になってしまうと言っても過言ではないのです。

とはいえ、いきなりプラーナと言ってもイメージしにくい方がいるかと思います。そこで、まずはプラーナは地球上の生命を司る太陽からのエネルギーととらえてみてください。ここで注意したいのが、プラーナは人間だけに関連する概念ではないということです。プラーナは私たちが存在する世界だけでなく宇宙の空間にも満ち、目に見えるものと見えないもの、物質と物質でないものなどにかかわらず、万物を生成、消滅させる根本原理としても働いているのです。

5種類のプラーナ

人体に取り込まれたプラーナはエネルギーの性質や身体の部位に応じて5種類に変換されます。主要な七つのチャクラの詳細は後述しますが、5種類のプラーナと各チャクラが司る領域を解剖学に照らし合わせると、図（P051、P053）のようになります。

図（P051）の①～⑤のプラーナの土台となるのが、肉体を司る筋骨格系の第1チャクラになります。また、第6チャクラは頭蓋骨内の脳に当たり、第1～第5チャクラを統括していま す。第7チャクラは霊性を司るチャクラのため、解剖学的に該当する臓器はありませんが、スシュムナー（P061）の中心を整える鍵を握っています。

チャクラワークでは、目で見ることができない各チャクラのエネルギーを解剖生理学的な視点でも見ることで、アーサナやクリヤ法などを効果的に行い、自分の身体を通して客観的に理解できるように努めています。もし、ヨーガ初心者の方で難しいと感じる場合はこの項目は読み飛ばして頂いて結構です。将来学びが深まった段階で理解すればよいでしょう。

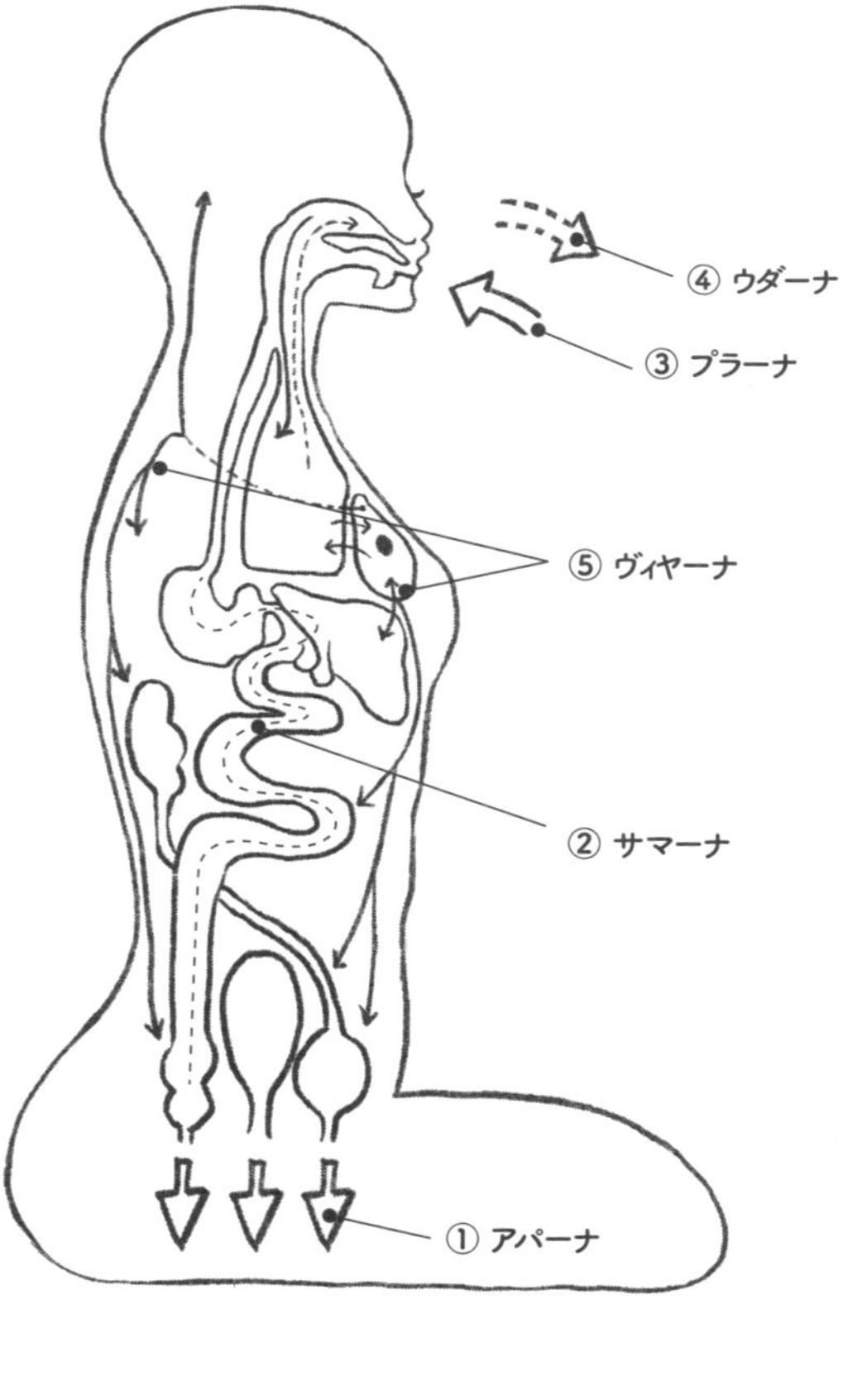

5種類のプラーナが司る領域

①アパーナ（排出のエネルギー）……第2チャクラの領域（P093）：泌尿器、生殖器に関連する（腎臓も含む）。体内の排泄物を下降させ、精神に安定をもたらす働きを持つ。月経や出産にも関係する。

②サマーナ（消化のエネルギー）……第3チャクラの領域（P113）：臍から上の腹部、胃、十二指腸、肝臓、胆嚢などの消化器に関連する。食物を消化し、養分を体内に吸収する働きを持つ。

③プラーナ（呼吸のエネルギー）……第4チャクラの領域（P137）：胸部、呼吸器、横隔膜に関連する。呼吸とともにプラーナを体内に入れる働きを持つ。

④ウダーナ（放出のエネルギー）……第5チャクラの領域（P161）：鼻腔、口腔、各エネルギーの通り道（気管・血管・神経管）、喉、声帯、腹筋、頭蓋骨に関連する。声、あくび、しゃっくりなど、体内から発せられる上昇のエネルギーを指す。

⑤ヴィヤーナ（循環器系のエネルギー）……第4チャクラの領域（P137）：循環器系、リンパ系に関連する。身体の動作に関わり、筋肉と関節などを動かし、養分を体内に巡らせる働きを持つ。

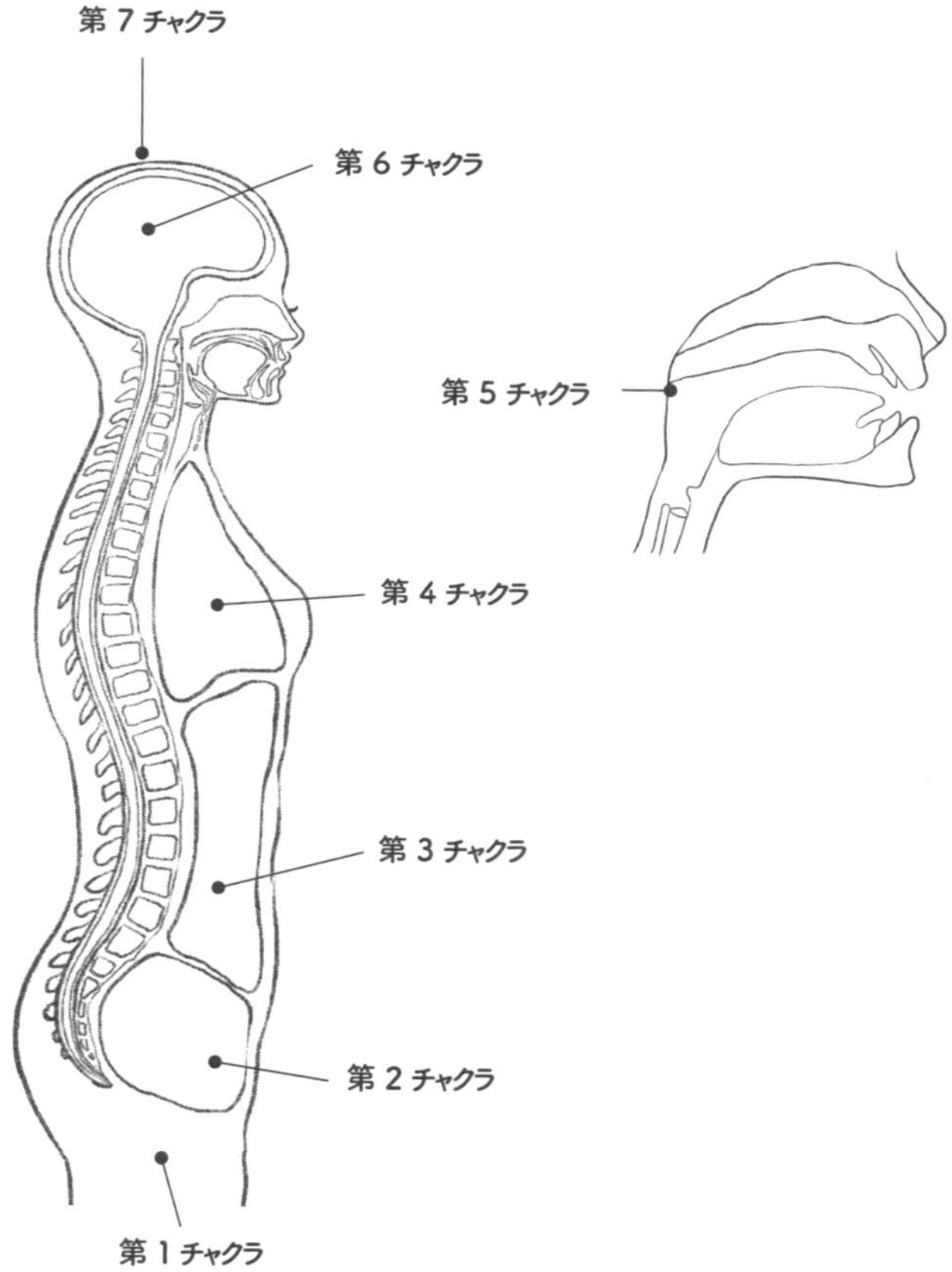

各チャクラが司る身体の領域

第 7 チャクラ：頭頂部
第 6 チャクラ：脳など
第 5 チャクラ：各エネルギーの通り道や鼻腔、口腔など
第 4 チャクラ：肺や心臓、肩、腕など
第 3 チャクラ：腹腔内の消化器系の内臓など
第 2 チャクラ：骨盤腔内の生殖器、泌尿器系の内臓など
第 1 チャクラ：骨盤や筋骨格系など

プラーナを蓄えるカンダ呼吸法

比較的簡単にプラーナを感じることができる「カンダ呼吸法」を紹介します。ハタ・ヨーガで「カンダ」は「全身のエネルギーの貯蔵庫」を指し、中国の身体観における「下丹田」と一致します。この呼吸法では下腹部に卵のような壺をイメージすることでプラーナを下腹部に蓄えます。

まずは、呼吸法を行う前に晴れた日に目を閉じて座り、日光や太陽熱をプラーナとしてとらえてみてください。そして、日光浴をしながら、太陽の熱と光が全身に広がっていくのを感じて深呼吸してみましょう。すると、実際の太陽の温かさとともに全身に流れるプラーナを感じることができるはずです。そうしたら、以下の手順で腹式呼吸法を行いながら、イメージと呼吸を用いてプラーナを下半身に集めていきます。

ちなみに、この呼吸法は太陽礼拝（P036）の際に取り入れるのもおすすめです。身体の隅々までプラーナが行き渡り、とてもすがすがしい気持ちになります。毎朝実践してみるとよいでしょう。

❶ あぐらで心地良く座る。

❷ 口を大きく開いて、少しだけ身体を前傾させながら、ハーッとできるだけゆっくりと息を吐いていく（黒っぽい煙をイメージしながら、身体の中の老廃物を全部吐き出すような感覚で行う）。

❸ 下腹部のカンダに意識を向け、腹部を引っ込め、骨盤底筋を引き締めながら、息を吐き切る。

❹ 口を閉じて、身体をまっすぐに起こしながら、鼻からゆっくり息を吸い、下腹部を膨らませる。カンダ

カンダ呼吸法

下腹部に卵のような壺を
イメージしながら行う。

に黄金色のプラーナが満ちてくるイメージを持って下腹部に意識を向ける。

❺ 吐く息は吸う息の2倍以上の時間をかけてゆっくりと吐く。これを3分を目安に行う（上体の前後運動は徐々に小さくしていく）。

❻ 息を吐き切ってから、自然呼吸に戻る。

※息苦しさを感じないよう、呼吸は長過ぎず、サットヴァな状態で行う。

※慣れてきたら、吸う時も吐く時も鼻呼吸にするとよい。

ハタ・ヨーガとは？

ハタ・ヨーガは10～13世紀にかけて発展したヨーガの一形態で、プラーナの制御に焦点を当てています。サンスクリット語で「ハタ」は「力」を意味し、「ハ」は太陽（陽）を、「タ」は月（陰）を象徴した言葉です。この二つのエネルギーのバランスを取ることで、陰陽の統合を促進すると言われています。

ちなみに、ハタ・ヨーガは、アーサナやプラーナーヤーマといった具体的なクリヤ法に基づいた身体操作を重視していることから、現代のアクティブなヨーガスタイルの礎を築いてきました。また、精神的な成長を追求する人々にとっても、各種の身体操作はその旅路を大きく進める際の一助となります。

とはいえ、方法を間違えると危険を伴う場合さえあります。本書では、ハタ・ヨーガを行う際に重要になるアライメントの調整方法やクリヤ法の具体的な実践方法を解説します。

ハタ・ヨーガの身体観

チャクラの構造を理解するためには、まずハタ・ヨーガの身体観を押さえておく必要があります。ハタ・ヨーガでは、人間を三つの身体観に分けて考えています。

まず、私たちが見たり、触れたりすることを通して認識できる肉体は、粗くて大きな物質からできているという意味で「粗大身」と呼びます。その一方で、粗大身の活動を支えるプラーナの通り道であるチャクラや後述するナーディー（P060）などの目に見えない身体を「微細身」と呼んでいます。

さらに、粗大身と微細身の内部で存在の原因をもたらしているのが「原因身」（魂）です。具体的には粗大身と微細身の活動を支える根源的な生命エネルギーのことを指します。なお、原因身の内部には、人間の根源とも言うべきアートマンが存在していると言われています。

チャクラワークでは、アーサナやクリヤ法・瞑想などを通して、粗大身から微細身、原因身へと順を追って働きかけて効果的に心身のバランスを整えていきます。その際、ポイントになるのが、目に見えない微細身を感覚と直感を使って感じ取ろうと努力することです。そこで、

次項では微細身の構造を
紹介したいと思います。

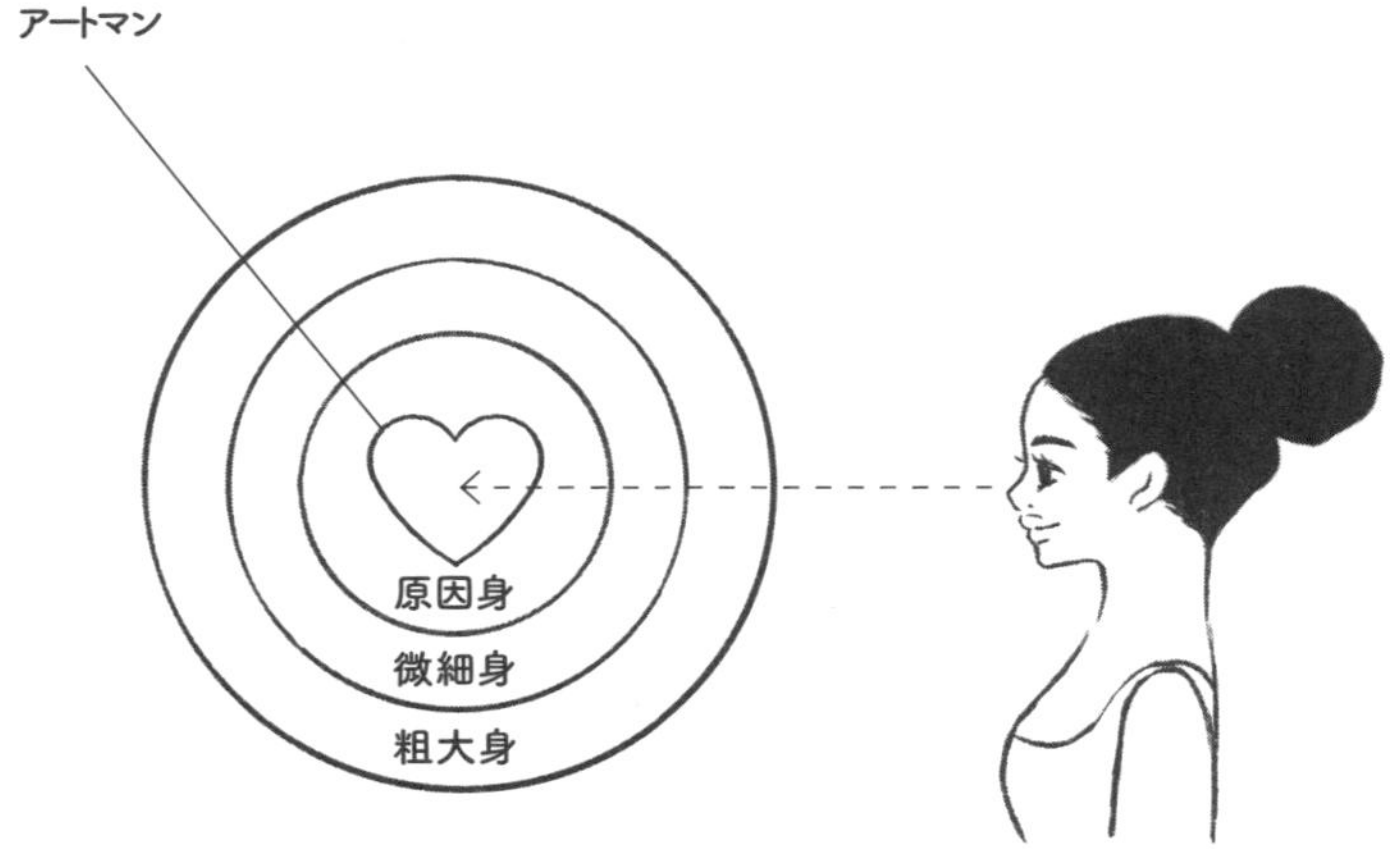

ハタ・ヨーガの身体観

ナーディーの構造

繰り返しとなりますが、アーサナや呼吸法などのワークを行う際は、微細身をイメージすることが大切です。ただ闇雲にアーサナや呼吸法を行うだけでは、ヨーガの目的に外れてしまうだけでなく、ワークの作用自体も不完全になってしまいます。実はチャクラをはじめとする微細身は多くの神経が集まっている場所になっていると言われています。そこに意識を向けるようにすると身体の反応を繊細に感じ取ることができるようになります。アーサナの作用も高まるので覚えておくとよいでしょう。そこで、特に意識したいのが、プラーナの通り道の「ナーディー」（脈管）です。

ハタ・ヨーガでは、体内にナーディーがあって、72000本（9個の身体の穴〈両目、両耳、両鼻孔、口、尿道口、肛門〉×8方角〈あらゆる方向を示す〉×1000〈無限ではないが、膨大さを表す数〉＝72000）もの数が張り巡らされていると考えられています（ナーディーはチューブのような筒のイメージに近く、その中をプラーナが通っているとイメージしてみてください）。

主なナーディーは10または14ある（流派により異なる）と言われていますが、ワークを行う際はチャクラと密接な関係がある三つのナーディーを意識することが重要になります。その中でももっとも重要なナーディーが、身体の中心にある「スシュムナー」です。具体的には背骨に沿って会陰から頭頂部に至る身体の中心線上の気道で、スシュムナーには、主要な七つのチャクラが配置されています。

そのほかに重要なナーディーとしては、左の鼻孔からカンダまでプラーナを通す気道「イダー」があります。イダーは、女性性、月、陰性、静性などの性質を持ち、副交感神経や右脳の働きに関連すると言われています。一方で、右の鼻孔からカンダまでプラーナを通す気道「ピンガラー」もあります。ピンガラーは、男性性、太陽、陽性、動性などの性質を持ち、交感神経や左脳の働きと関連があると言われています。

このように正反対の性質を持つイダーとピンガラーは、スシュムナーを支えるように左右に配置され、上下に伸びています。これらのナーディーは螺旋状に伸び上がり、互いに交差しながらエネルギーの流れを調整する作用がありますが、その交わるポイントが七つのチャクラだと言われています。

現代的な生活を送っていると、次第に精神的なストレスや身体の歪みなどを生じ、プラーナがうまく流れない状態になってしまいます。そうした時にアーサナやクリヤ法などを実践すると、イダーとピンガラーのバランスが整い、スシュムナーに滞りなくプラーナが流れるので、チャクラが活性化し出します。ワークをしているうちに、身体のどの部位に歪みがあり、どのチャクラが弱いのかなどの自分の課題も見えてくるので、毎日続けることが大切になります。

宇宙とつながるチャクラシステム

具体的にチャクラシステムとは何かについて見ていきましょう。チャクラはサンスクリット語で「車輪」「回るもの」の意味を持ちます。その名の通り、人体にあるチャクラは絶えずプラーナを巡らせ、私たちの生命エネルギーを生み出しています。先述の通り、ハタ・ヨーガでは主要なチャクラはスシュムナー上に七つあると考えられ、これらの場所にアーサナやクリヤ法などで働きかけることによって心身と魂のバランスが整い、統合されると考えられているのです。

ちなみに、古代インドのヨギーたちは生命の根源を探求するうえで、アーサナや瞑想などを通して宇宙とつながり、数々のインスピレーションを受けてきました。そうしたプロセスの中で、宇宙原理と自己を一体化するための手段としてチャクラシステムを開発していったのです。

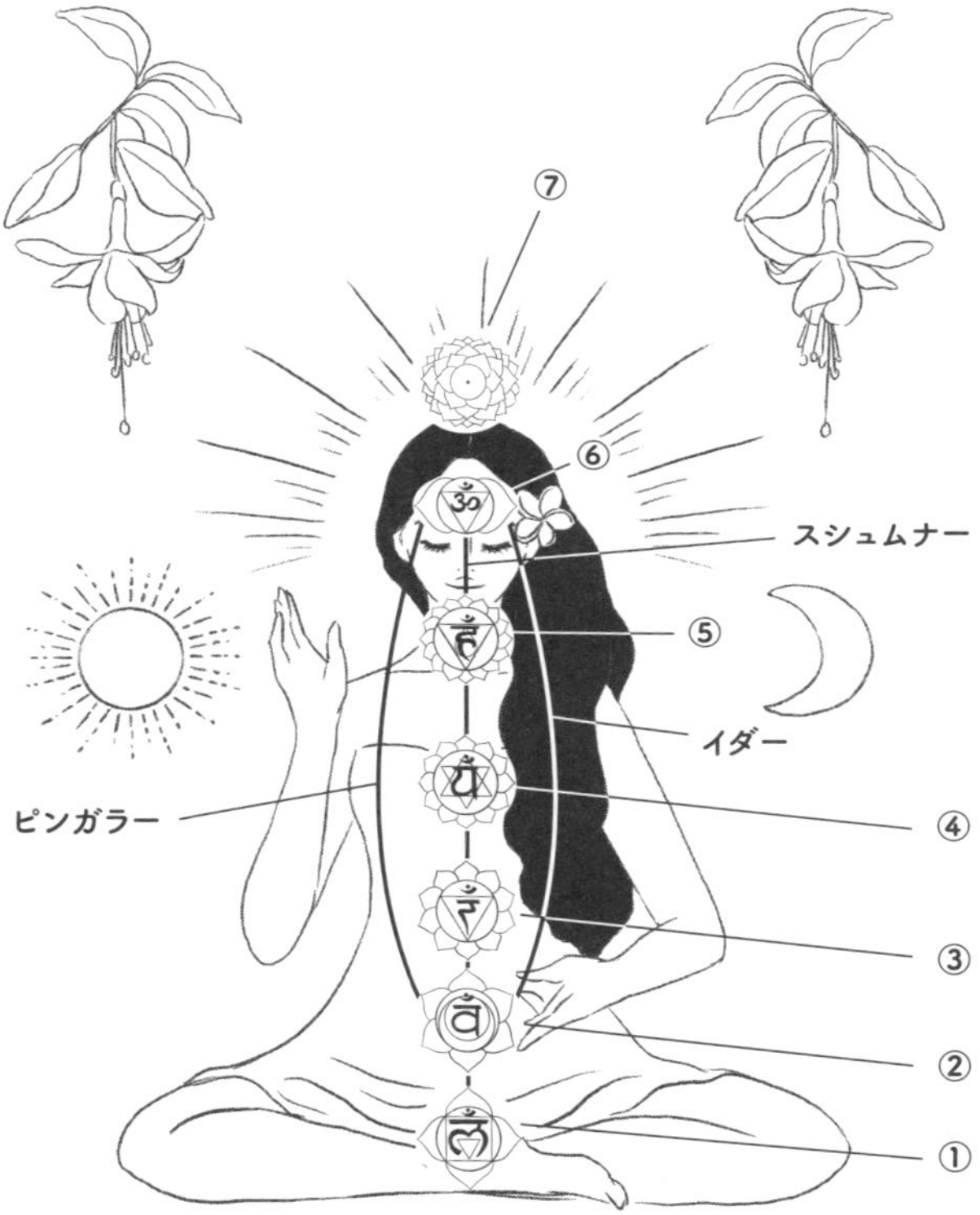

チャクラシステムと七つのエネルギーボディ

⑦ サハスラーラ・チャクラ（無）・・・・・・サマーディボディ（真我・悟りへの扉）
⑥ アージュニャー・チャクラ（五大元素には該当しないが、強いて言えば、識・光）・・・・・・ユニバーサルボディ（宇宙意識への扉）
⑤ ヴィシュッダ・チャクラ（空）・・・・・・セルフボディ（魂への扉）
④ アナーハタ・チャクラ（風）・・・・・・インテレクチュアルボディ（知性体への扉）
③ マニプーラ・チャクラ（火）・・・・・・メンタルボディ（意志体への扉）
② スワーディシュターナ・チャクラ（水）・・・・・・エモーショナルボディ（感情体への扉）
① ムーラーダーラ・チャクラ（地）・・・・・・フィジカルボディ（肉体への扉）

本書で紹介するチャクラワークには先人のヨギーたちの叡智が詰め込まれています。ワークを通じて生命の根源である宇宙原理とつながることで、心身が整うだけでなく、私たちの本来のあり方を見出せるようになることでしょう。

七つのエネルギーボディ

ババジが提唱するヒマラヤのクリヤヨーガのチャクラシステムでは、各チャクラを五大元素（空・風・火・水・地）の性質を持つエネルギーセンター（第6、第7チャクラは例外）と定義していますが、七つのエネルギーボディ（人間を構成する層）とつながる扉としてもとらえています。そこでチャクラワークでは、アーサナやクリヤ法、瞑想などを通じて各チャクラに加えてそれぞれに対応する七つのエネルギーボディにも意識を向けて働き掛けていきます。

ちなみに、ババジは「各チャクラに対応する五大元素の性質を感じながら、内観し瞑想を深めていくことによって、大宇宙と統合し、自己を超えることができるようになる」とおっしゃっていました。さらに、ババジは「自分を繊細に内観する気づきの目を育てることが大切だ」

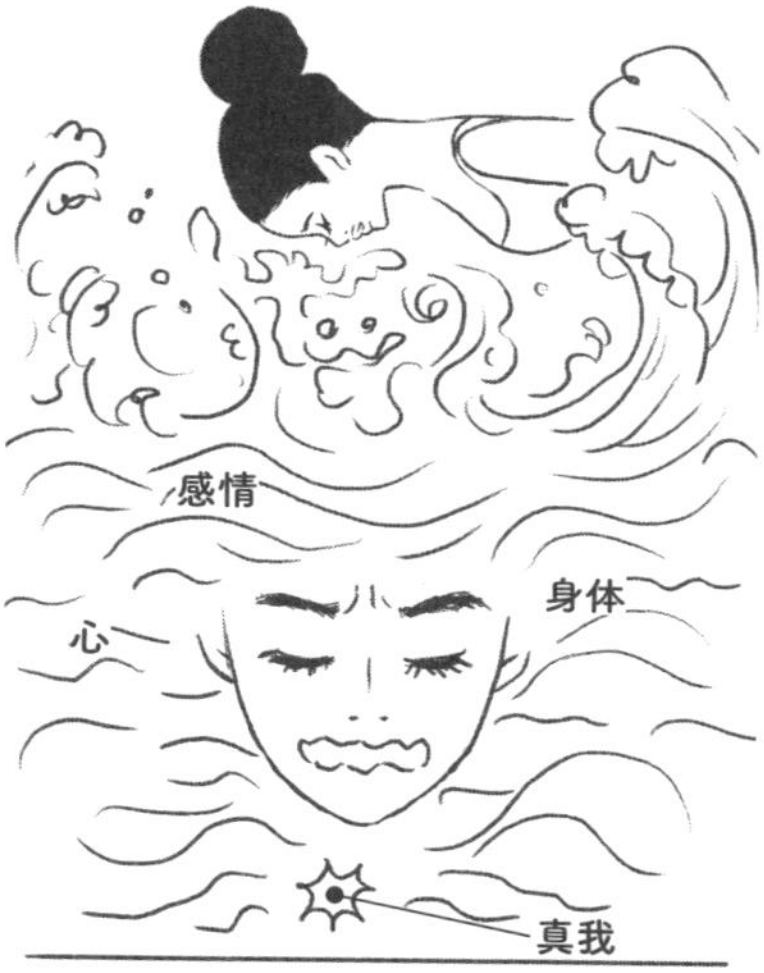

心身が乱れている状態では
観照者の視点を曇らせる。

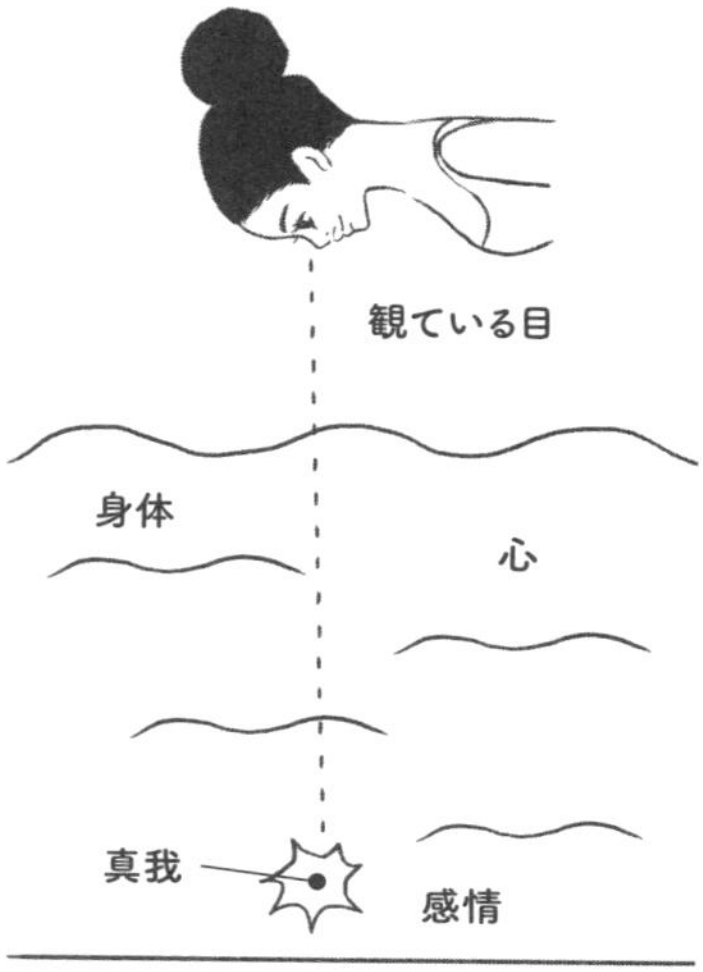

心身が整っていると観照者の
視点に入りやすい。

心身のバランスの乱れた状態と観照者の視点

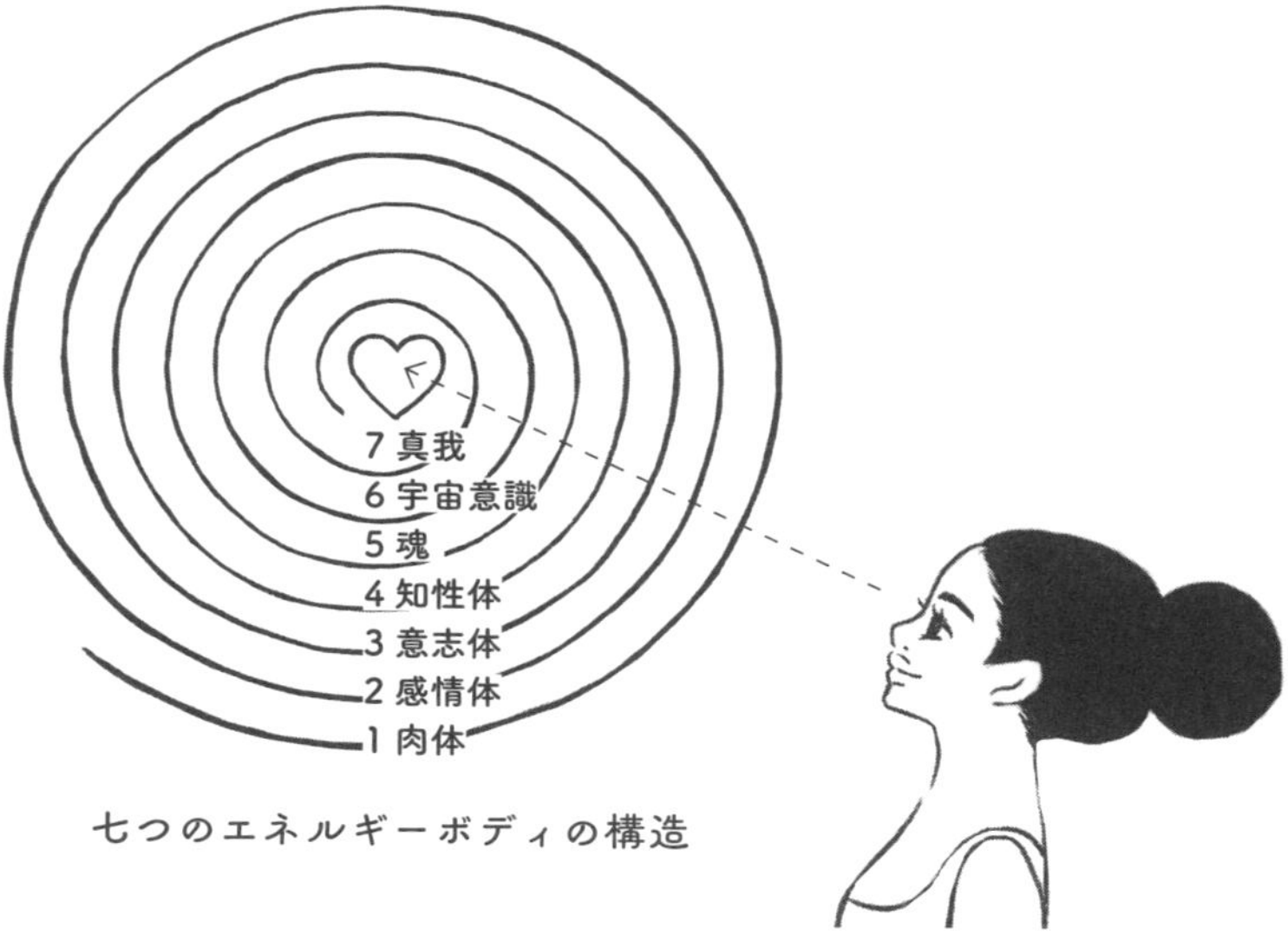

七つのエネルギーボディの構造

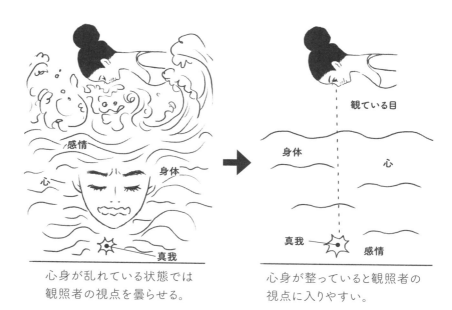

とも言っていました（本書では気づきの目を「観照者の視点」と言っています）。

しかし、心身のバランスが乱れていると、本来あなたが持っているはずの観照者の視点を曇らせてしまうことになります。したがって、ワークを行う際のプロセスや日々の生活なども観照者の視点を養う際に大変重要になってきます。チャクラワークでは、ヨーガ初心者の方でも無理なく学べるよう、第1チャクラから段階を追ってワークを深めていきます。難しく考えず安心してワークに取り組んで頂ければと思います。

七つのチャクラのアライメントを整える

チャクラワークを行う際に常に意識しておきたいポイントが七つのチャクラのアライメントです。みなさんの中には「チャクラは目に見えないのにアライメントするなんて……」といった疑問の声もあるかと思います。そこで、比較的簡単にチャクラをアライメントする方法を一つ紹介したいと思います。

まず「スシュムナーが天地に引っ張られてバランスを取っている状態」をイメージしてみましょ

う。例えるなら、ギターを弾く際に、音を確かめながらチューニングしていくような感覚です。そして、あぐらになって座ったら、目を閉じて第1から第7チャクラの中心をイメージしながら、3回ずつ深呼吸をしていきましょう。

❶ 骨盤底の中心（会陰あるいは膣の入口）
❷ 下丹田・子宮
❸ みぞおち
❹ 心臓
❺ 喉仏の後ろ側の声帯
❻ 頭の中心

❼ 頭頂部

この七つのポイントをまっすぐに並べるようにイメージしながら座って姿勢を整えてみましょう。これだけで各チャクラに流れるエネルギーのバランスが良くなります。ワークを継続していくと、スシュムナーのエネルギーの流れが上昇していく感覚も掴めるようになるはずです。この方法はどんな時でもできるのでおすすめです。

チャクラが正しいアライメントになると、エネルギーが全身に滞りなく流れるので、疲れがとれたり、思考が整理されたりするのを実感するでしょう。本書のワークを順番に行っていけば、アライメントが高まって、心身の不調なども改善されていきます。なお、日々のストレスや身体の不調を放置してしまうと、次第に姿勢が崩れチャクラのアライメントも悪くなります。毎日少しずつでもよいのでワークを実践して、アライメントを調整していくように心掛けましょう。

CHAPTER

3

第1チャクラ

―ムーラーダーラ・チャクラ―

मूलआधार चक

ムーラーダーラ・チャクラのはなし

「ムーラーダーラ」は、サンスクリット語で「根、支え」の意味です。このチャクラは地のエレメントを持ち、心身の安定感や生存、自然治癒力など、人間の根本を支える生命力に関係しています。ムーラーダーラ・チャクラの中心は男性の場合は骨盤底筋の中央に位置する会陰腱中心で、女性の場合はヨーニ（膣の入口）になります。

ムーラーダーラ・チャクラは、見て触れることができる肉体（フィジカルボディ）とつながっており、全チャクラの土台になります。この肉体は私たちの魂を乗せる今生乗り換えることができない乗り物のようなものです。これを大事にケアすることは、上方のチャクラのエネルギーを整えることにつながるので、微細身にも良い影響を与えることになります。

ところで、みなさんは恐ろしく高い場所に登ったり、事故に遭いかけたりした経験はないでしょうか。当時のことを思い出すと足が震えたり、股間がギュッとしたりするのを感じる方も多いかと思います。実はこれらの部位を司っているのがこのチャクラです。ムーラーダーラ・チャクラは五感の中でも原始的と言われる嗅覚ともつながっており、人間の本能に働き掛け、

CHAKRA CHART

ムーラーダーラ・チャクラチャート

エネルギーボディ	フィジカルボディ（肉体）
位置	会陰、ヨーニ（膣の入口）
働き	グラウンディング、現実力、安心感、自衛本能、肉体の生存、物質世界での学び
色	赤
元素	地
音	Lam《ラーン》
育つ時期	0 ～7歳
肉体	筋骨格系、脚、脊椎、骨盤外側、骨、歯、爪、膣、ペニス、睾丸、血液、細胞、免疫系
腺	前立腺、副腎
感覚	嗅覚（第1チャクラのワーク中にいろいろなものの匂いを嗅ぐと、脳が活性化する）
音	ドラム、落雷、民族音楽（ワーク中にこれらの音を聞くと、骨盤底に振動が伝わり、チャクラが活性化する）
学び	グラウンディング（ワークを継続することによってグラウンディングの感覚を体得できるようになる）

危険を察知する役割も担っています。

ちなみに、人間は年齢を重ねていくと、足腰の筋力が徐々に弱くなっていきますが、これはムーラーダーラ・チャクラにも悪影響を及ぼし、精神的な不安感をもたらすと言われています。健康的な一生を送るためにも日頃から足腰をしっかりと動かす立位のポーズやウォーキング、階段の上り下りなども日課として取り入れてみることをおすすめします。

ムーラーダーラ・チャクラが育つ時期（0〜7歳）

母親の胎内で胎児となり、乳幼児期を経て小学校になる頃までは人間にとって「模倣」と「リズム」を学習する大切な時期です。この時期には、起きる、食べる、寝るといった収縮（内なる）のリズムと、外に出て遊ぶなどといった拡散（外なる）のリズムを体得することになります。これらのことを親や周囲の大人たちがどれだけ習慣化してくれたかが、ムーラーダーラ・チャクラの発達の鍵を握っています。このことを裏付ける根拠として発達心理学では、「乳幼児に対して毎日同じ時間に授乳や食事などを繰り返すことで情緒が安定する」ことが

知られています。

ちなみに、シュタイナーは「人間の細胞は7年で入れ替わる」と言っています。7歳頃には人体の各機能が大人と同じように適切に働くようになり、そのサインとして永久歯が生えてきます。また、この時期はムーラーダーラ・チャクラが司る肉体をつくるために、全身の力が注がれることになります。そうした背景もあり、シュタイナーは子供の身体の成長を阻害する早期教育を否定しています。

実際に乳幼児期の子供たちを見てみると、身体が感覚器そのものであることが分かります。この時期は大人たちが子供に何かを伝えようとするよりも、善い行動をともに実践することが大切です。そうした体験こそが子供たちの人生の規範を生むことにもつながっていきます。反対にこの時期に周囲の大人たちから十分な愛情を得られないと、その後の人生に暗い影を及ぼすことになります。チャクラワークは、自分の内面をしっかりと見ることであなたの中の思考の癖を解放していきます。当時の喜びや悲しみの記憶をヒントにしながら、今後の人生の土台をつくっていきましょう。

生活の中でバランスを取るヒント

土を触る、赤いものを身につける、ドラムに合わせて足を踏み鳴らす、裸足で大地をゆっくり歩く、日の出と日の入りを見る、木を抱きしめる、オーバーワークを止める、必要ならいまの仕事を辞める、自然の中で過ごす、植物を育てる

ムーラーダーラ・チャクラワークを行う際のポイント

どのチャクラワークでも意識したいポイントではありますが、特にムーラーダーラ・チャクラの活性化には適切な姿勢を保つことが大切になります。まずは、会陰（女性は膣の入口）の中心に意識を向けながら、スシュムナーの最下方にあたるムーラーダーラ・チャクラをまっすぐ

に立てていきましょう。この時、骨盤が後傾していると、スシュムナーの柱が斜め後ろに倒れてしまうので注意してください。

座位の際は股関節を90度にしっかりと折り曲げる意識を持ちながら、骨盤を立てるように意識しましょう。そして、頭頂部を引き上げ、女性は膣をまっすぐ上に立てるように意識して座ってください。すると、身体がグラウンディングし、スシュムナーがまっすぐに立ち上がるようになります。

また、立位の際のグラウンディングとは、「重心が下方にあり、股関節周辺から両脚の筋肉が適切に働いて、両足底が地面をとらえている状態」を指します。グラウンディングする際は、背骨がしなやかに動き、上半身がリラックスしていることが重要です。さらに、全身の関節周りの筋肉や靭帯が柔軟であることや、肉体を支えるコアの筋力を鍛えることも大切になります。これらのポイントを意識すると、徐々に身体だけでなく精神面も安定していきます。

この状態をつくるには心身の癖や緊張をとり、整えていく必要がありますが、これにはアーサナ全般が有効になります。アーサナを行う際は、特に骨盤のアライメントと股関節の動きを意識しながら、重心移動を丁寧に行い、背骨が柔軟になるように心掛けましょう。なお、このプロセスで骨盤のアライメントが整うと、骨盤底筋が使えるようになるので、呼吸の力が強まります。

深い呼吸ができるようになると、足腰や背骨の関節にも柔軟性が出て、実生活でも素早い決断力やパフォーマンスの向上などを実感できるようになります。

ムーラーダーラ・チャクラワークを行う際の身体の使い方のポイント

1 ムーラバンダの身体の使い方

ムーラーダーラ・チャクラのワークをする際に重要になるのがムーラバンダです。これは骨盤底筋を締め、会陰の中心を引き上げる（女性は膣を締め上げる）技法です。腰椎を保護し、下丹田に力が集まるので集中力も高まります。

ムーラバンダを行う際は、まず骨盤の前面を閉じるようにして立ててください。すると骨盤底筋が広がり、ハンモックが張られたような状態になります。この状態で会陰の中心に向かって骨盤底筋を締めると、ムーラバンダがしっかりと入ります。

また、骨盤の前面を閉じるように両寛骨を内回旋すると、自然に腹横筋が引き締まるので腹圧が高まり、骨盤がキュッと気持ち良く締まります。そうすることで骨盤が安定し、下半身の動きのパフォーマンスが高まります。

2 骨盤底筋の使い方

会陰（女性の場合、膣の入口）の中心をスシュムナーの土台だとイメージしてみましょう。特に女性の場合は肛門側ではなく、下図の膣の前方の△で囲まれた部分を引き締めるようにすると、スシュムナーがまっすぐ立ち上がります。

女性は三角で囲んだ膣の前側部分を締めるように意識するとよい。

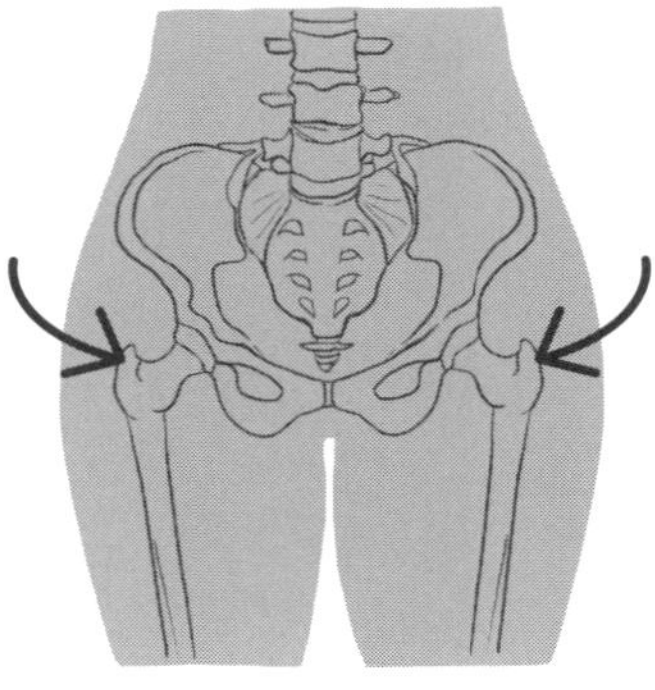
骨盤の前面を閉じるように両寛骨を内回旋すると、骨盤が安定する。

3 腸腰筋の使い方

立位のポーズの際は、ムーラバンダを軽目に入れながら、股関節をしっかりと動かすことで筋骨格系を強化できます。この時、股関節の筋肉の中でも腸腰筋、とりわけ大腰筋を意識しましょう。

大腰筋は脚を胴体に近づける際に用いる筋肉で、アーサナでは大腿骨を骨盤に引き込む際に重要な役割を果たします。この筋肉がしなやかになると、歩く、立つなどの日常動作のパフォーマンスが上がり、姿勢も適切な状態に保てるようになります。

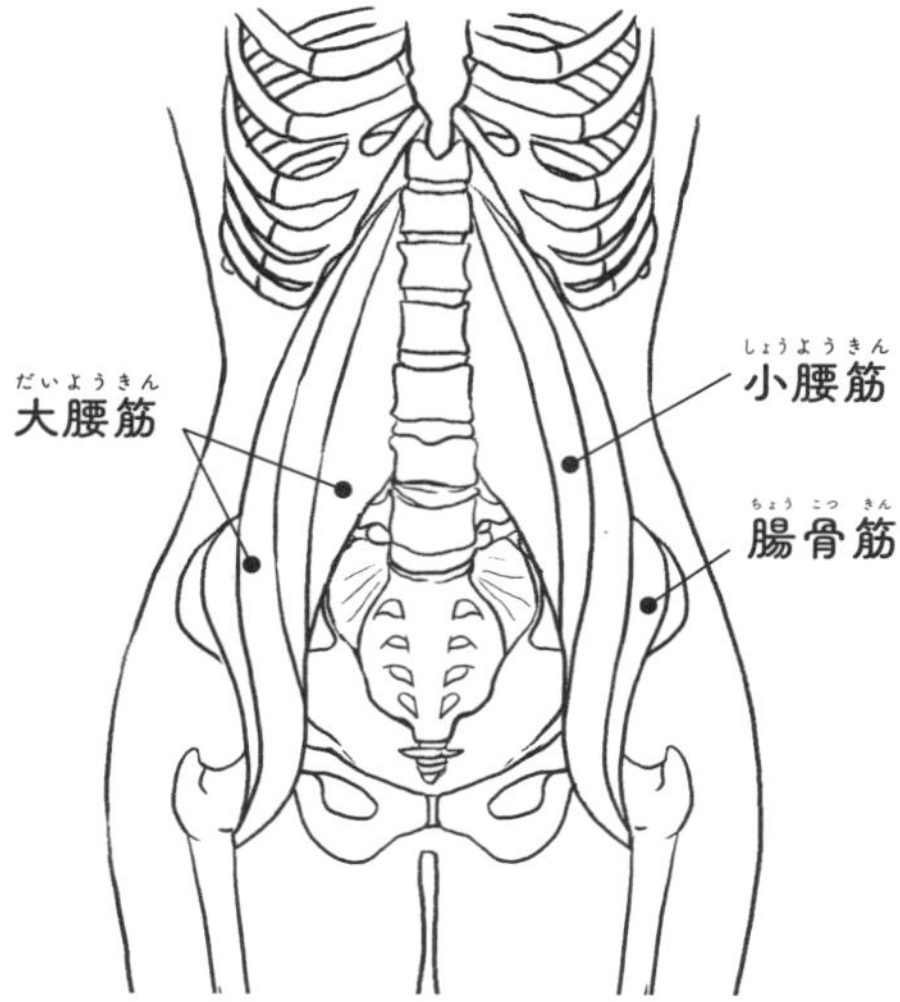

腸腰筋《ちょうようきん》

I ムーラーダーラ・チャクラを活性化するアーサナ

発達やり直し体操

人間は生まれてから生後18ヵ月くらいまでの間に、寝る、座る、歩くなどといった基本動作を身につけると言われていますが、大人になっても身体が上手に使えない人は少なくありません。これが原因で慢性的な身体の歪みや不調が生じることがあります。

そこで、発達段階を再学習し、身体の癖を改善してみましょう。この時おすすめしたい方法が渡部博樹（健美サロン渡部院長）氏考案の「発達やり直し体操RDM®」です。これは各種のアーサナを組み合わせることで、乳幼児の寝ている状態からハイハイまでの動きを練習する体操です。この体操は筋骨格系を整えるのに大変有効になります。まずは発達やり直し体操の流れを押さえてから各種アーサナを実践してみましょう。

発達やり直し体操の準備

正座あるいは長座（足を前方に伸ばす座位）になってから、力を抜き、ワーク前の身体のグラウンディングの状態を観察します。骨盤が後傾していたり、背骨が丸まっていたりするように感じることがあれば、その感覚を覚えておきましょう。体操が終わったら、もう一度同じ座位でグラウンディングをチェックしてみてください。身体の変化を通して体操の作用が実感できるはずです。

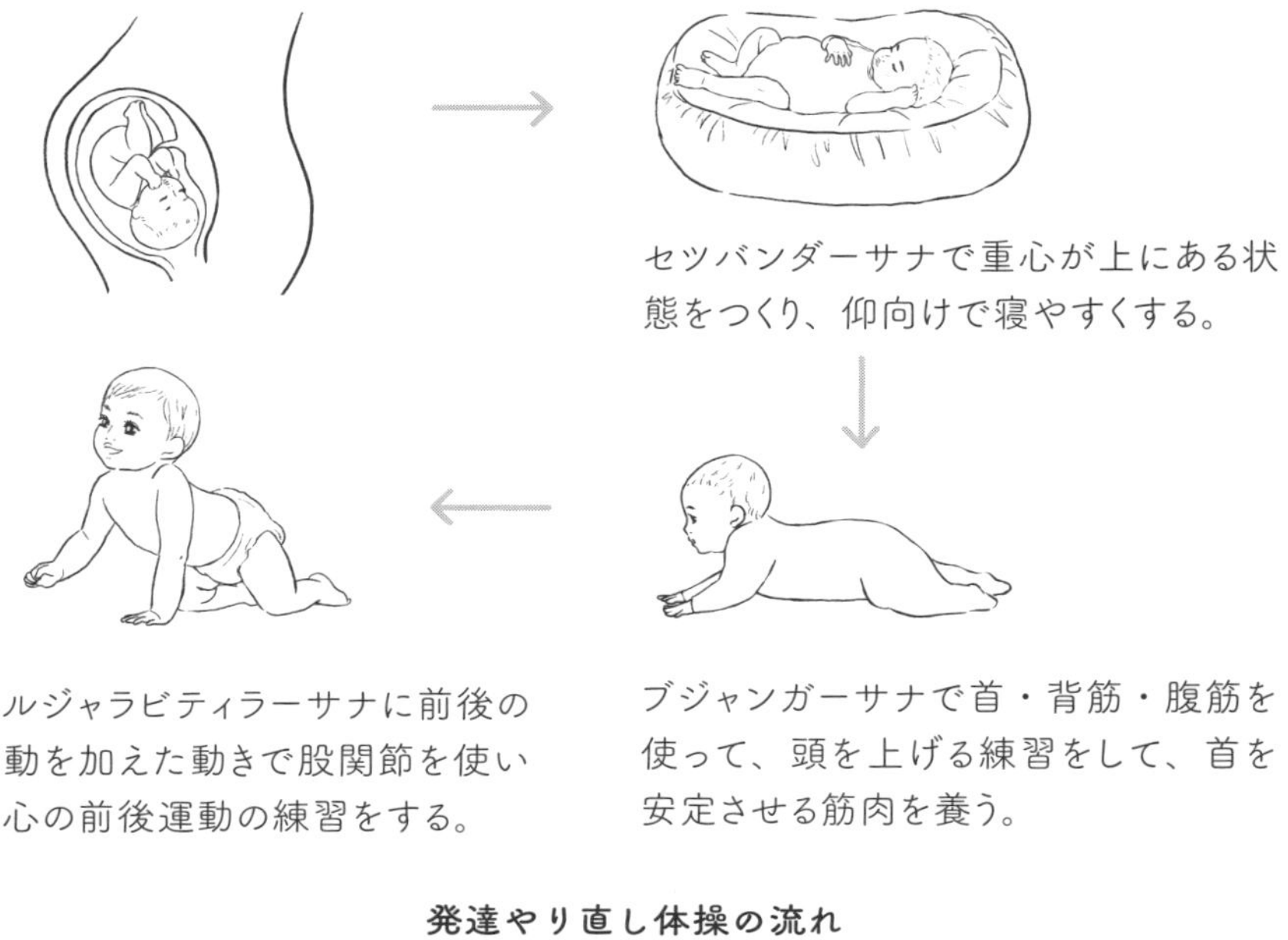
セツバンダーサナで重心が上にある状態をつくり、仰向けで寝やすくする。
ブジャンガーサナで首・背筋・腹筋を使って、頭を上げる練習をして、首を安定させる筋肉を養う。
マルジャラビティラーサナに前後の移動を加えた動きで股関節を使い重心の前後運動の練習をする。

発達やり直し体操の流れ

1 セッツバンダーサナ（橋のポーズ、ハーフブリッジ）

背骨の曲げ伸ばしを丁寧に繰り返すことで、背中や首をストレッチし、緊張を和らげるアーサナです。背骨のアライメントを整え、脊柱を柔軟にし、重心の位置を高くする作用があります。なお、アーサナなどで床に寝転ぶ時は重心を高くするとよいのでこのアーサナを実践するとよいでしょう。

❶ 仰向けで横たわり、背面（背骨）の様子や重心の位置を観察する（シャバーサナ）。

❷ 両膝を曲げ、両踵を尻に近づけ、両膝は腰幅の状態をキープする。両手は体側に置き、まっすぐ伸ばし、両掌は床につける。

❸ 息を吐きながら臍をへこまし、骨盤を後傾させながら、ゆっくりと背骨を下から順番に持ち上げていく。

❹
骨盤が膝の高さまで上がったら、顎から胸を遠ざけるようにして、一度息を吸い込む間にポーズをホールドする（ハーフブリッジの状態）。

❺
息を吐きながら背骨を上から順番に一つずつ下ろしていく。

❻
尻まで床についたら腰を浮かさないようにする。できるだけゆっくりと片脚ずつ伸ばしていき、❶の状態に戻る。

❼
最初に仰向けになった時とアーサナ後の感覚の違いを感じる。背骨が柔軟でまっすぐになり、背面が床に広がっているように感じられたらＯＫ。これらを３回程度を目安に行う。

2 ブジャンガーサナ（コブラのポーズ）

頭を持ち上げることによって、首を座らせる作用をもたらすアーサナ。背骨を伸ばすことで柔軟性が増し、胸を広げる動きによって、胸と背中の筋力が強化され、呼吸が深まります。

❶ うつ伏せに寝て、どちらかの額を床につける。楽だと感じる姿勢を取り、しばらくそのポジションのままでいて首や肩の感覚を覚えておく。

❷ 額を床につけ、両掌は胸の両脇に置き、両肘は体側に近づける。両肩は床から離す。

❸ 顎は引いたままにして顔と床は平行の状態で息を吸いながら、頭を引き上げ、額を床から3㎝程度持ち上げる。数呼吸の間ポーズをホールドする（首の後ろや背中の筋肉を使うように意識する）。

❹ 息を吐いて一度床に額を下ろす。

❺ 息を吸いながら、顎を引いたまま頭を持ち上げる。首の後ろが縮まらないようにしながら、目線をゆっくりと床から前方に移動する。
坐骨を膝のほうへ引くようにしてハムストリングを使い、肘を後方に引きながら上体を持ち上げる。この時、胸に傾いた重心を徐々に腹から骨盤へと移動していく（恥骨は床につけたまま）。

❻ 息を吐きながら、前へと重心移動して身体と頭を床に戻していく。
目線を床に戻して額をつける。

❼ 顔を左右いずれかに向けて、頬を床につける。首と肩を完全にリラックスしてうつ伏せの状態になる。これらを4～6回を目安に行う。

※❶の姿勢に戻り、首や肩の感覚の変化を感じる。

3 マルジャラビティラーサナ（猫と牛のポーズ）

背骨の下方の曲げ伸ばしを繰り返すことで、前後の重心移動を行いながら、コアの筋力を養うアーサナです。股関節の筋肉をしっかりと使うので骨盤周りの筋肉を刺激し、柔軟性も向上します（動画ではCat and Cowと説明）。

❶ 正座になって姿勢を整えてから、四つん這いになり、両足の甲を床につける。

❷ 息を吐きながら、臍を覗き込んで背中を丸め、尻を踵、額は床に近づける。この状態でしっかりと股関節を曲げている意識を持つ。

❸ 息を吸いながら顎を軽く引いたまま、両足の甲で床を押し、重心を両足から両掌に移動させ、四つん這いに戻る。

❹ **息を吸いながら、目線はゆっくりと前から上を向く。両寛骨を内旋させる意識を持ちながら、背骨を伸展させていく（前に伸びていくように意識）。**

❺ **再度息を吐きながら臍を覗くようにして、尻を踵に近づける。これらを5セットを目安に行う。**

なお、1～3のアーサナを行ったら、再度正座に戻ってグラウンディングの状態をチェックしてください。自然に骨盤が立ち上がっている、あるいは背骨が気持ち良くS字カーブを描いているなどの変化を感じることができればワークがうまくいっていると言えます。また、太陽礼拝（P036）を1、2回行ってみるのもよいでしょう。

Ⅱ　ムーラーダーラ・チャクラを活性化するクリヤ法

1　カパーラバーティープラーナーヤーマ

呼吸を使ったクリヤ法の一つで頭蓋骨、ナーディー、脳を浄化する方法として知られています。このクリヤ法を行うと、直感などの高次機能を司る前頭前野が活発になり、思考が静かになり、集中力も増します。腹部を激しく動かすため、腹筋や内臓強化、消化促進にもなりますが、必ず空腹時に行うようにしてください。鼻が詰まっている場合は、まず太陽礼拝（P036）などの立位のアーサナを行い、交感神経を活性化してみましょう。

❶ 背骨を伸ばしてあぐらになる。

❷ 息を鼻から一気に吐きながら、腹部を背骨側に強く引き込む。

その後、すぐに腹部を緩め、鼻から息を吸い込む（息を吐いてから吸うまでの間は腹部をへこませたままにしない。ボールが壁に当たって跳ね返るように、すぐに腹部を元の状態に戻す）。

❸ ❷を20回繰り返し、最後に長く息を吐いたら、自然な呼吸に戻す。これらを3セットを目安に行う。

2 ムーラバンダ

骨盤底や脚の筋肉とその結合組織は会陰の中心へとつながっています。ムーラバンダを繰り返すことで姿勢が整い、重心が会陰（会陰腱中心）に移動し、身体が安定するようになります。

❶ あぐらで座り、心地良い姿勢を整える。

❷ 深く息を吸いながら、骨盤の左右の寛骨を内回旋させて前面を閉じると、骨盤底筋が

ハンモックのように広がる。

その状態で会陰に向かって骨盤底筋を収縮させ、上方に締め上げて、2、3カウント程度ホールドする。

❸

息をゆっくりと吐きながら少しずつ骨盤底筋を緩める。

これらを5回繰り返す（アシュウィニムドラー〈ムーラバンダの練習版〉になる）。

❹

深く息を吸った後に6回目のアシュウィニムドラーを行う。

骨盤底筋を力強く収縮させ、軽く顎を引いた状態で息を止め、苦しくない程度（5～10秒）ホールドする（ムーラバンダ）。ムーラバンダを解く際はまず顎を緩め、骨盤底筋を緩めながら深く息を吐く。❷～❹を5セット目安に行う。

❺

自然呼吸に戻り、骨盤底筋が温かくなったのを感じる。

Ⅲ

ムーラーダーラ・チャクラを活性化するエネルギーワーク

ウォーキング

ムーラーダーラ・チャクラを活性化するには、ウォーキングが効果的。なるべく雑念を浮かべずに、景色を見ながら気持ち良く歩いてみましょう。重心移動と「いまここ」の感覚に意識を向けながら丁寧かつ颯爽と歩いてみてください。自然に身体のアライメントと自律神経が整い、体力がついていることを実感できるでしょう。

Ⅳ ムーラーダーラ・チャクラを活性化するガイド瞑想

グラウンディング瞑想

まずは、あぐらの姿勢を整えましょう。骨盤の位置が安定して座れるようになると、背骨がS字カーブを描いて気持ち良く上方に伸び、その上にストンと頭が乗っている状態になります。そうしたら、カンダ（下丹田）に意識を向け、腹式呼吸法を繰り返し、カンダが光り輝くようにイメージしましょう。

その後、男性は会陰、女性は膣の入口に意識を集中させ、その場所に重心が来るように再度アライメントを整えます。そして、息を吐きながら、真下の大地へと沈みゆく重力に意識を向けていきます。さらに、地球の中心へと向かって太い根を生やしているイメージで、頭の中を空っぽにし、脱力していきます。その太い根が地球の中心の核と強力な磁石でくっついているイメージを持ってみましょう。大地とつながると、過去の記憶などの不要物を無条件の愛で受け止めてくれます。このことに感謝しながら、グラウンディングを味わいましょう。

するると、地球の中心から温かな無条件の愛のエネルギーが上昇し始めます。この赤いエネルギーは骨盤の中を通ってカンダへと上昇し、骨盤内も脚も股関節も赤い光に包まれていきます。そうしたイメージを持ってみましょう。

そして、息を吐きながら、大地の中心へとエネルギーを下ろし、さらに息を吸って大地から無条件の愛を受け取ります。呼吸を繰り返しながら下降と上昇のエネルギーを観察します。それはまるで、宙に浮かぶ私の身体を地球の重力が大地に引き寄せて戻してくれているかのようです。この瞬間、内なる平穏と感謝がもたらされていることを感じてみましょう。そうした一連のイメージが確立したら、自然呼吸に戻し、しばらくの間グラウンディングしている感覚を味わいながら静かに瞑想を続けてください。

CHAPTER

4

第2チャクラ

—スワーディシュターナ・チャクラ—

स्वाधिष्ठान चक्र

スワーディシュターナ・チャクラのはなし

「スワーディシュターナ」とは、サンスクリット語で「自分自身の居場所」という意味です。このチャクラは水のエレメントを持ち、感情体（エモーショナルボディ）とつながっています。解剖生理学的に見ると、いわゆる下腹部（下丹田、骨盤腔内）の領域にあり、生殖器系、泌尿器系を司っています。また、チャクラの中心は男性の場合は精嚢、女性の場合は子宮口にあり、泌尿器系の腎臓もこのチャクラと対応する臓器だと考えられています。

ちなみに、この領域はプラーナの貯蔵庫と言われるカンダにあたり、全ナーディーの起点にもなっています。特に子宮や下丹田の領域は人間の生命にとって大切な場所でもあります。解剖生理学的な観点からもこの場所に意識を集中させることは、腰の負担を減らし、心身のパフォーマンスを向上させるのに役立ちます。

また、心理学者のラッセルの感情円環モデルによれば、「感情は突き詰めていくと、最終的には快か不快に分けることができる」と言われています。実はこの感覚に気づくことができる能力こそがあなたが幸せに生きるうえでとても大切なものになります。例えば、辛い職場環

CHAKRA CHART

スワーディシュターナ・チャクラチャート

エネルギーボディ	エモーショナルボディ（感情体）
位置	下腹部（骨盤腔内）
働き	感情、個人的な創造性、一対一の対人関係、パートナーシップ、性的エネルギー
色	濃いオレンジ、朱色
元素	水
音	Vam《ヴァーン》
育つ時期	7 ～ 14 歳
肉体	骨盤内側、仙骨、生殖器、子宮、腎臓、膀胱、血液、精液、リンパ液、下行結腸、S 字結腸、直腸
腺	卵巣、精巣
感覚	味覚（第 2 チャクラのワーク中は、新鮮でみずみずしいフルーツや野菜を味わうとよい）
音	流れる音、水の音、ベリーダンス、サルサなど腰を動かしたくなる音
学び	自分の本当の気持ちに気づく

境であっても自分の生活を守るために「嫌だ！」という感情を押し殺して働いているとしましょう。すると、次第に感覚が麻痺して、一時期は「楽になった」と感じるかもしれません。しかし、そうした状態を続けていくと、あらゆる物事に対しても、無感覚、無感情になってしまうこともあります。そうなると、「嬉しい！」「気持ち良い！」「幸せ」といったポジティブな感情さえも次第に感じられなくなってしまいます。

そうした事態に陥らないためにも、本章で紹介するワークで身体感覚の繊細さを養い、自分の感情に深く向き合うことが大切になります。すると、次第に共感力が高まり、他人との関係を構築するなどといった外部の活動へと目を向けることができるようになっていきます。さらに、スワーディシュターナ・チャクラが活性化されると、新陳代謝が活発になり、若々しさがもたらされます。性的魅力も養われ、パートナーと過ごす大切な時間やセックス時などには創造的で官能的な気分に浸ることができることでしょう。

このワークをする際はとにかく感情を身体で感じ取るように心掛けてみてください。そして、身体のどの場所にどのような感覚が湧くのか、自分の内面をつぶさに見つめてみましょう。最初のうちは過去の記憶がよぎるかもしれませんが、手足の筋肉や腹部の状態を観察していると、次第に思考が働かなくなっていきます。また、このワークはこれまで感情を抑えて生きてきた人にとっては感情があふれ出てくるので辛いと感じるかもしれません。そうした時はムーラーダーラ・チャクラのワーク（P079）を行い、グラウンディングを心掛けてみてください。

次第に落ち着きを取り戻せるはずです。

スワーディシュターナ・チャクラが育つ時期（7〜14歳）

このチャクラが育ち始めるのは小学校の入学時期にあたります。小学校に入るまでの時期は親元で過ごしているので、自我の赴くままに行動できますが、急に他人とうまく付き合っていかなくてはならなくなるのがこの時期です。学校生活を通して徐々に協調して生活する術を学ぶようになります。ちなみに、私の弟も小学校に入学してすぐに学校の生活に慣れず、胃潰瘍になっていたことを覚えています。

この時期の子どもたちは、尊敬できる大人や権威のある人物を求めるようになります。その中で、自分の将来のあるべき姿を見定めていきます。シュタイナーはこの時期に芸術・音楽・工芸・手仕事などを実践することの大切さも説いています。こうしたプロセスによって美的感覚や創造性の礎がつくられていくのです。

私の父は絵を描くことが好きで上手だったこともあり、私もこの時期に絵を描くことに熱中していました。そうした当時の私の経験が後の芸術大学への進学や、現在のチャクラワークの活動につながっているように思います。シュタイナー教育の一環で娘も絵を描くのですが、私が想像できないような独特な絵を描くのでいつも驚かされています。

ちなみに、シュタイナー教育によれば、「9歳の危機」があると言われています。この時期はファンタジーの世界からリアルな世界への転換点で、自我が芽生え、自分と周りを区別し出す時期です。例えば、客観的・現実的な見方をできるようになったり、親や教師の行動を評価したり、現実への挫折や失望を味わったり、死への恐怖を感じたりする場面が出てきます。

私自身もその頃、精神的に不安定な時期がありました。学校に行きたくなくて、「怖いよ、怖いよ」と母にしがみついていたことを時々思い出します。私の娘も死に関する質問をして泣いていた時期があったので、娘にできる限りの愛情を注ぎ込み、いっしょにこの危機を乗り越えていきました。

また、さまざまな事情からこの時期をうまく乗り切ることができず、トラウマを抱えている方もいるかもしれません。過去の出来事を変えることはできませんが、サンスカーラ（過去の記憶に由来するトラウマや固定観念）を昇華させることによって、今後の行動にネガティブな影響が出ないようにすることは可能です。本章で紹介するワークを丁寧に行うことで、ネガティブな記憶や感情を手放し、自分らしさを取り戻していきましょう。

生活の中でバランスを取るヒント

自分にとって快か不快かを見極める、好き嫌いを感じることから始めてみる、感情をしっかりと味わう、質の良いぬるま湯を飲む、腹式呼吸法をする、官能的なセックスをする、腰を動かして踊る、平泳ぎをする、自分の尊敬する人を見つける、情熱的・創造的に生きている人を見習う

スワーディシュターナ・チャクラワークを行う際のポイント

スワーディシュターナ・チャクラは、先述の通り下腹部（骨盤腔内）にあり、女性の場合はヨーニ（膣の入口）の奥の子宮口、男性の場合は精嚢に中心があります。スワーディシュターナ・チャクラのワークを行う際は、心身をリラックスさせた状態でチャクラの中心に向かって力を集めるようにすると身体感覚が高まります。もちろん力任せに力むのではなく腹筋を丁寧に使い、ムーラバンダ（P076、P088）も軽く入れながら下丹田にやさしく力を込めていきましょう。

そして、骨盤腔内にある美しい水の上に浮かぶ膀胱や子宮をイメージして、腹部の中の微細な感覚を味わってみましょう。腹式呼吸法でゆっくり、なめらかにワークを行うことによってこれらの領域を活性化することができます。ちなみに、骨盤の歪みや子宮の位置のずれは背骨、腰椎などのアライメントが崩れていることが原因です。これらの部位を整え、骨盤を正しい位置に調整することもこのワークを行う際に意識したいポイントになります。

スワーディシュターナ・チャクラワークを行う際の身体の使い方のポイント

下腹部（骨盤腔内）のスペースを広げる

骨盤を立てて背骨を上下に伸ばした状態で姿勢を保ってみましょう。すると、骨盤腔の空間が広がり、骨盤が締まります。これによって身体の安定感が増し、集中力も高まります。

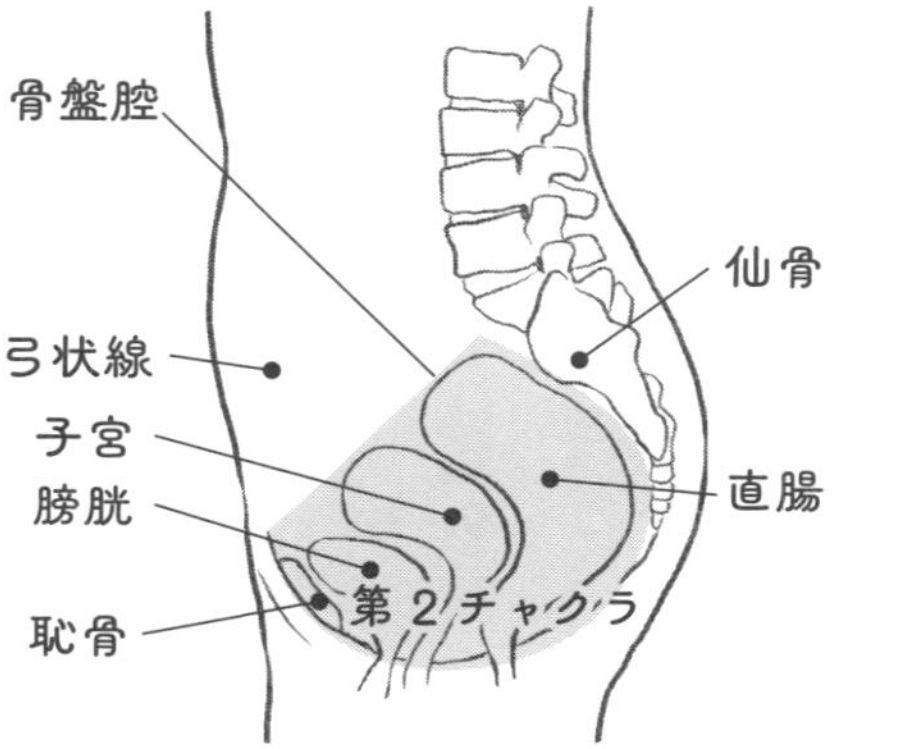

第１チャクラ（筋骨格系である骨盤）

下腹部のチャクラと身体の構造

第１チャクラは骨盤、第２チャクラは骨盤腔の内部。

Ⅰ スワーディシュターナ・チャクラを活性化するアーサナ

1 マルジャラビティラーサナ（猫と牛のポーズ）

このワークのマルジャラビティラーサナ（P085）では、骨盤と股関節の動きを意識してみましょう。骨盤の前後傾の動きによって腰のアライメントを整え、大腿骨の内外旋の動きを繰り返すことによって、股関節の可動域と柔軟性が向上し、血流が良くなります。

2 バッダコーナーサナ（合《がっ》蹠《せき》のポーズ）

このアーサナの特徴である「ヒップオープニング」の動作は股関節や骨盤周りの柔軟性を高め、骨盤全体の歪みや子宮の位置のずれなどを調整する作用があります。このアーサナは内転筋や内股の柔軟性の向上と股関節・骨盤の可動域を拡大する作用があり、生殖器系の機能も高めます。

❶ 両足裏を合わせて座り、踵を股に近づける（難しい場合は尻の下に座布団を敷いたり、両足裏を少し上に向けたりしてもよい）。

❷ 息を吸いながら腰を伸ばし、顎を軽く引き、息を吐きながら大腿骨を骨盤に引き込むように上体を前に倒す。

❸ 腰が丸まる手前で停止し、軽く顎を引いて背筋を伸ばしながらポーズをホールド。腹式呼吸法を繰り返す（5～10呼吸が目安）。

❹ カンダに意識を集中させ、その場所にプラーナが集まり、光り輝いているイメージを持つ。そして、その光をホールドするようにプラーナを吐く。さらに、呼吸を繰り返すたびに、カンダが輝きを増していくイメージを持ちながら呼吸を続ける。

❺ ポーズを解く時は意識をカンダに向け、ゆっくりと息を吸いながら上体を起こし、その

後息を吐きながらリラックスし、自然呼吸する（この時、下腹部や股関節が解放されるような官能的な感覚を味わうことができる）。

3 シャラバーサナ（イナゴ、バッタのポーズ）

腹圧を高めることで、骨盤内の筋肉や靭帯の働きが高まります。仙骨にも刺激が加わるので、性的エネルギーが活性化し、便秘を解消する作用もあります。見た目以上に負荷がかかるポーズなので、高齢者や運動不足の方、首や腰を痛めている方は控えてください。

❶ うつ伏せになり、額を床につける。そして、親指を握るように拳をつくり、その拳を骨盤の下に引き込み、手の甲を床側にして、恥骨の前に配置する。

❷ 背筋や腹筋、内腿、ハムストリングを使って右脚を持ち上げる（その後、大臀筋を使ってもよい）。

❸ 息を吸い、拳を床に押しつけながら、右脚をできるだけ高く持ち上げ、2、3呼吸

繰り返した後でカンダを感じながらポーズをホールドする。

❹ ポーズを解く時は息を吐きながら、右脚を下ろす。左脚も同様に行う。

❺ 最後に両脚を同時に持ち上げてもよい。右脚1回、左脚1回、両脚1回を目安に行う。
※ヨーガ初心者は腰を痛めやすいので、両脚を上げるポーズは慣れるまでは行わないようにする。

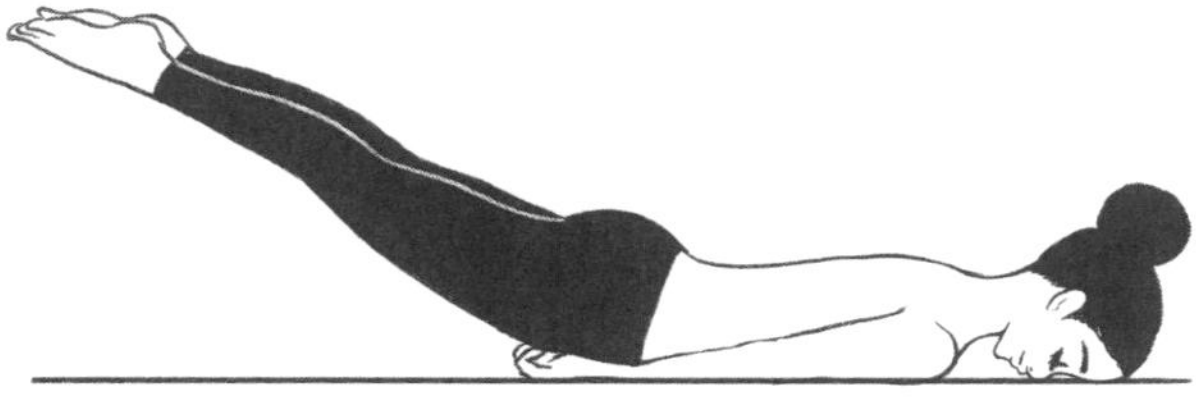

シャラバーサナ

背筋・腹筋・内腿、ハムストリングを使って脚を持ち上げる。

Ⅱ スワーディシュターナ・チャクラを活性化するクリヤ法

1 カンダ呼吸法

カンダ呼吸法（P054）で頭の中にカンダのイメージを確立してからクリヤ法を行うと作用が高まります。

2 片鼻呼吸法・ナーディーショーダナ

この呼吸法を行うことによって鼻の通りを良くし、呼吸を深め、ナーディーの汚れを浄化します。自律神経のバランスが整うので、心が落ち着き、リラックスします。

❶ 背骨を伸ばして心地良く座り、左手は親指と人差し指の先を合わせチンムドラーの印

を結び、左腿の上に置く。そして、右手でナシカムドラーの印を結ぶ。

❷ 親指を右の小鼻、薬指を左の小鼻に添え、鼻をつまむ準備をする。

❸ 両鼻から息を完全に吐き切り、親指で右の鼻孔をやさしく閉じる。

❹ 腹式呼吸法を行いながら、左の鼻孔からゆっくりと息を吸う。

❺ 息を吸い終わったら薬指で左の鼻孔を閉じ、親指を開放して右の鼻孔を開き、息を吐く。息を吐き切ったら、そのまま右の鼻孔から息を吸う。

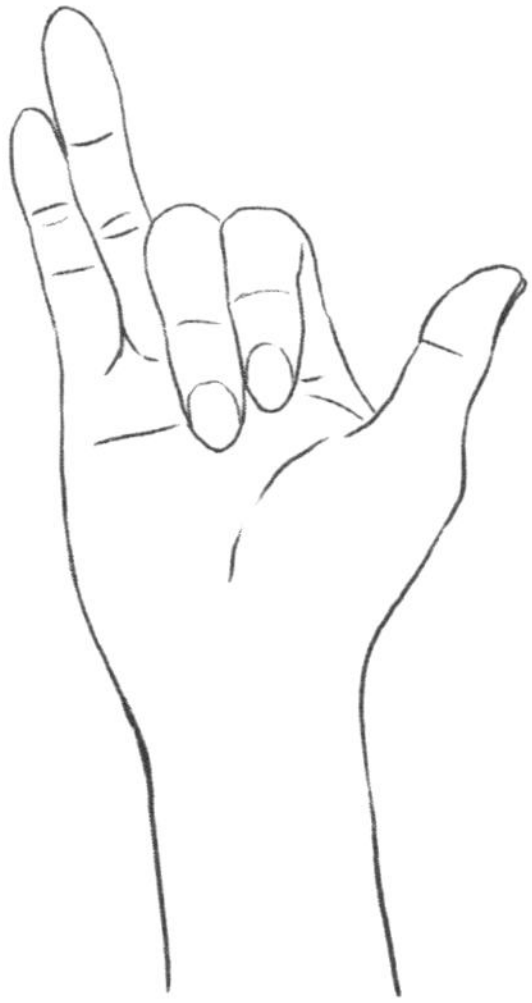

ナシカムドラー

右手の人差し指と中指を内側に入れ込み、薬指と小指は添わせる。

❻
再度親指で右の鼻孔を閉じ、薬指を開放して左の鼻孔を開き、息を吐く。
❹～❻を5セットを目安に行う。
※慣れないうちは呼吸の長さは自由にしてよいが、慣れてきたら吐く息を吸う息の倍の長さにしていく（例：4カウントで吸ったら、8カウントで吐く）。

❼
最後に左鼻の息を吐き切ったら、両鼻を開放し手を腿に下ろす。その後両鼻から息を深く吸い込み、吐き切ったら自然呼吸に戻る。この時、リラックスした状態であることを確認する。
※集中力を高めながら、イダーとピンガラーにプラーナの光の道が通るようにイメージして行う（P061）。

3　ヴァジュローリームドラー

膣を意識的に締め上げ、腹圧を高めることで、その周囲の筋肉の働きを強化し、アパーナ（排出）と性的エネルギーを上昇させます。女性は経血のコントロールができるようになり、男性は射精のタイミングをコントロールすることが可能になると言われています。

❶ 背骨を伸ばして心地良く座る。

❷ 一度息を吐き、鼻から強く息を吸い込んでから息を止め、ムーラバンダ（P076、P088）、ジャーランダラバンダ（P169）、ウッディーヤーナバンダ（P124）の順でマハーバンダ（P034）を行い、呼気をホールド（長くても5～10カウント程度でよい）。

※女性は膣から地球のエネルギーを吸い上げるようにイメージし、男性は射精しそうになった精子がリンガ（ペニス）から吸い上げられ、頭部へと上昇するようにイメージするとよい。

❸ ジャーランダラバンダを緩めて、口から息をハーッと吐く。ムーラバンダとウッディーヤーナバンダも緩め、数回呼吸を整える。これらを5回を目安に行う。

※このプロセスを通じて、プラーナがカンダに満ち、温かく充実してくるのを感じる。

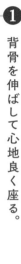

Ⅲ スワーディシュターナ・チャクラを活性化するエネルギーワーク

操体法

アーサナとクリヤ法を一通り行った後は、ゆらゆらと身体を自由にゆっくりと動かしてみましょう。身体を快適な方向に動かしてみると、プラーナが身体全体を流れるように動き始めます。

この時、身体が痛んだり、不快な感じがあったり、関節に制約があったりするなどの感覚がある場合は、脳がブレーキをかけている証拠です。身体がそうした方向にいかないように注意しましょう。このワークでは、とにかく心地良さを追求してみてください。自分がどのように感じているかに気づくことが本来あるべき心身の感覚を取り戻すことに役立ちます。

Ⅳ スワーディシュターナ・チャクラを活性化するガイド瞑想

感情リリース瞑想

一人で声を出してもよい環境を確保してください。あぐらで座り、姿勢を整えて目を閉じます。まず、数分間身体の感覚を頭からつま先まで感じてみてください。すると、血液やリンパ液などの体液が流れていることも感じ取れるかと思います。そうしたら感情に注意を向けてみましょう。怒り、恐れ、悲しみ、喜びの順でそれぞれの感情を感じてください。

最初のうちは頭で考えたり、過去の記憶を思い出したりしてもかまいませんが、途中からはなるべく思い出さないようにして、感情そのものに意識を向けるようにしましょう。また、感情が湧き上がったら、頭で考えずに、身体で感じてみてください。そして、その感情がどの場所にどのような感覚として現れるのかを探っていきます。怒りであれば、腹部が緊張する感覚、掌が温かくなる感覚など、さまざまな感覚があるかもしれません。恐れずに、その感情のエネルギーを感じるよう心掛けてみましょう。

ワーッと声を出したり、身体を震わせたり、枕を叩いたり、身体の動きを通して感情を表現してみてもよいでしょう。

ちなみに、感情のエネルギーは、動的で水のように動くものです。そのため、思考でとらえて抑え込もうとせずに、たとえ涙が流れてもそのままにしておいてください。

その後、身体をやさしく撫でながら、心地良さ、温かさ、軽さなどの感覚が生じていることを確認してください。瞑想を始める前よりもリラックスし、全身に広がるすがすがしい感覚があるはずです。その後、深呼吸をしてスシュムナーにプラーナを通していきます。このプロセスによって体内のエネルギーの循環が改善し、次のワークへと進む準備が整います。

感情は思考で抑えずに、涙が流れてもそのままにしておく。

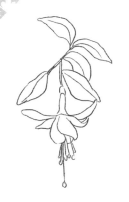

CHAPTER

5

第3チャクラ

―マニプーラ・チャクラ―

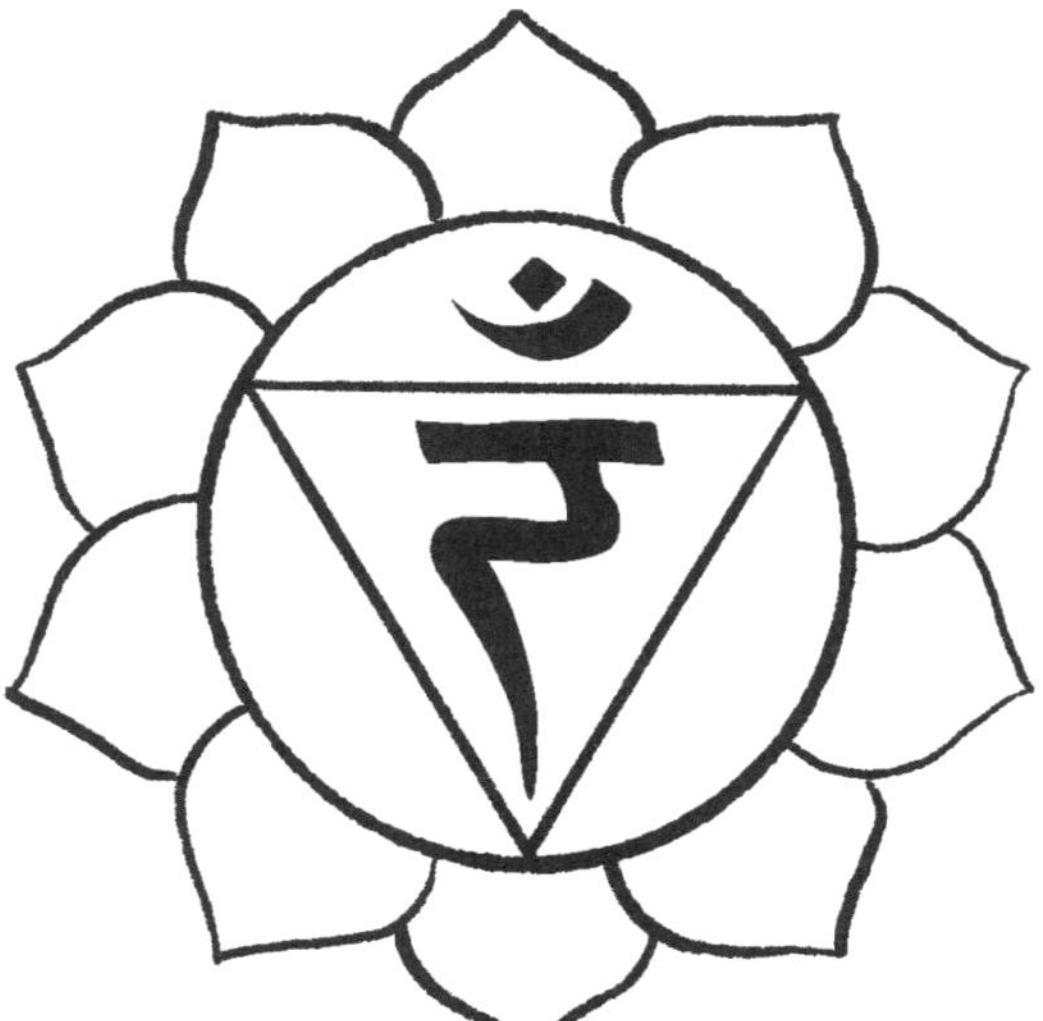

मणपूर चक

マニプーラ・チャクラのはなし

「マニプーラ」とは、サンスクリット語で「光る宝石」「宝珠の街」という意味があり、宝石という名前がつくほど大切なチャクラとなります。このチャクラは消化器系に関係し、解剖生理学的には横隔膜から下方の胃や肝臓などの領域で、その中心はみぞおちと臍の後ろに位置する太陽神経叢にあります。このチャクラは生命力やエネルギーの象徴である火のエレメントを持っています。

CHAPTER2（P046）でヴェーダ儀礼について解説しましたが、実はヴェーダ儀礼を簡易化し、人体の中で行う際に火が燃える場所とされているのがマニプーラ・チャクラの領域になります。また、アーユルヴェーダでは、「すべての病気は腹部から生じ、消化の火がしっかり燃えていれば、苦と病を滅ぼす」と言われています。つまり、消化器系のプラーナであるサマーナをしっかりと働かせ、食べものを消化・吸収することがこのチャクラを活性化させるためにも重要になります。なお、消化し切れないほどの食事や過度のダイエットは消化の火を絶やしてしまうことにつながるので注意しましょう。

CHAKRA CHART

マニプーラ・チャクラチャート

エネルギーボディ	メンタルボディ（意志体）
位置	臍、みぞおち付近
働き	自己実現、意志の力、行動力、活力、内面の力、仕事力、自尊心、自制
色	黄色
元素	火
音	Ram《ゥラーン》
育つ時期	14 ～ 21 歳
肉体	胃、肝臓、胆嚢、十二指腸、小腸、脾臓、盲腸、上行結腸、横行結腸
腺	太陽神経叢
感覚	視覚（ワーク後は視界がクリアになる）
音	倍音
学び	自分の本心を尊重し行動する

また、みなさんの中には人間関係などのストレスで胃がキリキリと痛くなったり、やる気が出なくなったりといった経験はないでしょうか。マニプーラ・チャクラは意志体（メンタルボディ）とつながっています。意志体とはメンタルや思考、心理状態のことを指します。「メンタルが弱い」という言葉がありますが、ストレスなどで心理状態が悪くなると、実際にマニプーラ・チャクラの領域である腹部が固まってしまい、やる気が出てこなくなります。

マニプーラ・チャクラのワークを実践すると、この領域の内臓がしなやかになり、火のエネルギーを上手に活用することができるようになります。それ以外にもこのチャクラは自律神経の働きを司る太陽神経叢に位置していることから、ストレスマネジメントの作用もあります。また、ワークを続けていくことによって、サンスカーラを燃やし尽くし、あなたの成長のために必要なエネルギーを生み出せるようになっていきます。そのほかにもこのチャクラのバランスが取れると、自分にとって必要なものとそうでないものの区別ができるようになり、やりたいこともしっかりと見えてくるようになります。メンタルや意志の力も強くなるので、次第に仕事や趣味のパフォーマンスも高まっていきます。

このようにマニプーラ・チャクラを育てていけば、目に見える形でのさまざまな成果を上げることができるようになります。もちろん、こうしたポジティブな反応も人生において大切なことですが、ヨーガの目的の一つはクンダリニー（エネルギー）を上昇させることでもあります。ちなみに、クンダリニーとは、ムーラーダーラ・チャクラに宿る性エネルギー（シャクティ）を指します。本書で紹介するワークを行うことで、クンダリニーがスシュムナーを通って上昇し、頭頂部のサハスラーラ・チャクラに至ることを助長します。このプロセスを通して、自己のエゴを浄化し、心身を目覚めさせるエネルギーへと変えていくのです。

そこで、マニプーラ・チャクラのワークでは、クンダリニーを上昇させる根本要素である火のエネルギーを養っていくことになります。チャクラワークの中でもこのワークが最重要と言っても過言ではありません。あなたが人生の中でチャレンジし、前に進むためにも十分なエネルギーを養っておくことが大切です。このワークを通してあなた自身の土台をしっかりとつくっていきましょう。

マニプーラ・チャクラが育つ時期（14～21歳）

思春期は、親や周りの大人の権威が失われる時期です。男の子は変声期を迎え、女の子の身体は女性らしい身体へと丸みを帯びていくなど肉体面でも変化が訪れます。この時期には異性を意識し始めますが、アンバランスな自分と葛藤しながら、現実を知り、大人の世界へと一歩、一歩踏み出していきます。また、現実との折り合いがうまくいかず、葛藤が生まれ、周囲のせいにしたり、反抗したりすることもあります。とても生意気なのに自分に自信がなく、周りに当たってしまい、自分も傷ついてしまう……。私の周りにいた野球部のやんちゃな男の子たちがヤンキーに変貌していった時期ともちょうど重なります。

この時期に大切になるのが現実を正しく把握し、行動することです。そのためには、自分で考え、自立する力を養うことが必要になります。私は18歳の時、「一人暮らしをしたい」と親に言ったことがあります。すると、両親から「自分で家賃と生活費を稼ぎなさい。それが嫌なら実家から通いなさい」と言われました。学費は親が払ってくれたものの、家賃と生活費はアルバイトをして稼ぐことになりました。当時は仕事と学業の両立で大変でしたがそのおかげで自分で考え、自立する力が培われ、後に海外で生活するハングリー精神もついたように思います。親がすべてのことをOKしていたら、身につかない能力もあります。あの時、私の前に親が立ちふさがってくれたことに対し、いまは感謝しています。

私自身の人生を振り返ってみても、この時期に仕事や人間関係などの物事の選択基準が確立したように思います。この時に考えたことや経験したことが、その後の人生に大きな影響を与えたことは間違いありません。あなたもこの時期の記憶を辿り、本来やりたかったことや見過ごしてしまっている感情に気づいてみてください。すると、自分の進むべき方向がはっきりと見えるようになるでしょう。

生活の中でバランスを取るヒント

消化の良いものをしっかりと噛んで腹八分目で食事を終わらせる、「私はパワー全開だ！」と声に出してみる、自分の意志で行動すると決める、太陽を浴びながらプラーナを取り込むように呼吸する、胃が発するメッセージを聞く、目標になる人・憧れのヒーローやヒロインを見つける、笑いの多い生活を送る、元気が出る音楽を流して楽しく踊る

マニプーラ・チャクラワークを行う際のポイント

スワーディシュターナ・チャクラのワークを通して、自分の感情をしっかりと感じ取ることができるようになってきたのではないでしょうか。例えば、自分にとって何が快で不快か、何を欲しているのか……。そうした感情のエネルギーをつぶさに観察していくことができるようになったら、マニプーラ・チャクラのワークによって活動のエネルギーへと昇華させていきます。

マニプーラ・チャクラの領域は先述の通り食物を燃やし、消化する消化器系にあたります。身体の中に取り入れられたプラーナは腹部でサマーナとなり、すべてを変化させ、吸収し、成長させていく原動力になります。したがって、このワークでもプラーナをしっかりと取り入れられるようになることが大切です。そのためにも骨格のアライメントを整えることが重要になります。

マニプーラ・チャクラには人間にとって重要な消化器系の臓器（胃、十二指腸、肝臓、小腸）などが集まっています。実は胃や肝臓といった消化器系の臓器は横隔膜に隣接しているので、収縮と弛緩を繰り返すことによって、臓器の活動を高めていくことができるようになります。したがって、骨格を整えながら、横隔膜と骨盤底が水平になるよう意識してみましょう。すると、横隔膜と骨盤底筋で上下からしっかりと内圧がかけられるので腹腔の内圧を保った状態をホールドできるようになります。その結果、呼吸の機能が高まり、背骨が安定するので身体のパフォーマンスも向上します。

また、骨格のアライメントが整った状態でこのワークを行うと、腹部の緊張がとれ、柔らかくなり、腹圧を高めることができるようになります。これによって横隔膜の動きが良くなると、横隔膜を隔てて隣接している心臓や肺もマッサージされるので、アナーハタ・チャクラの領域の働きも強めてくれます。とはいえ、アライメントを整えることが重要だからと言って激しいアーサナなどを行うのは禁物です。しっかりと動いた後は、シャバーサナを入れてからまた動くようにするなど、意識的にサットヴァな状態をつくり出すことも大切になります。

マニプーラ・チャクラワークを行う際の身体の使い方のポイント

1 横隔膜・骨盤底筋の使い方

横隔膜は呼吸時にもっとも重要な筋肉の一つです。息を吸うと横隔膜が下降し、腹圧が増すので、それに応じて骨盤底も下がります。一方で、息を吐く時は、これとは反対の動きをします。

また、骨盤を立てた状態で頭頂部を引き上げ、胸を開き、肩をリラックスさせることで背骨の自然なカーブを保てるようになります。すると、横隔膜と骨盤底が水平になり、呼吸が深まります。この状態が保てるようになると、腹筋がうまく使えるようになり、ウエストが引き締まるようになります。

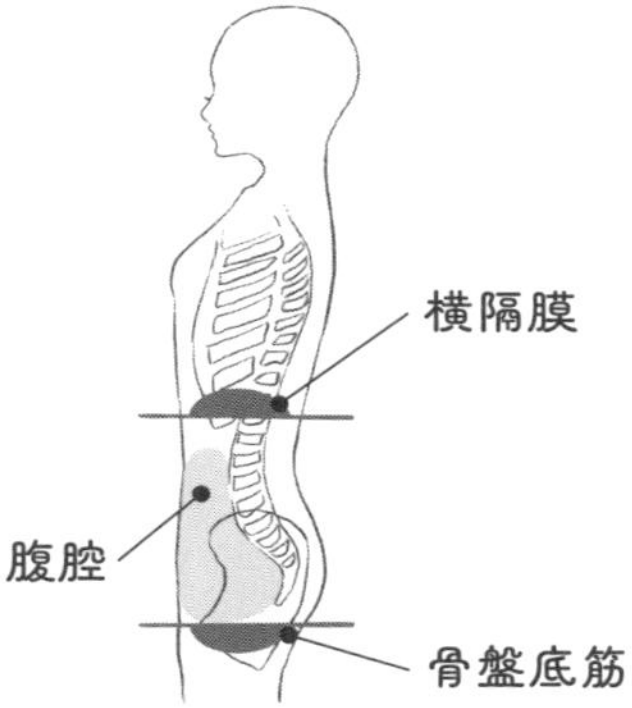

正しい姿勢

横隔膜と骨盤底筋が水平だと、上下からしっかりと圧力をかけることができ、腹腔の内圧を保つことができる。

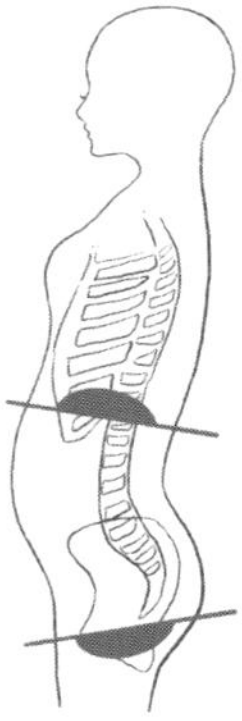

骨盤前傾

横隔膜が後傾し、骨盤底筋が前傾しているので、反り腰になっている。

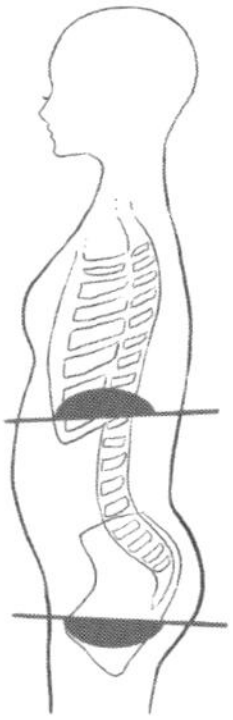

骨盤後傾

横隔膜が前傾し、骨盤底筋が後傾して、猫背になっている。

2 ウッディーヤーナバンダの身体の使い方

マニプーラ・チャクラワークを行う際に重要になるのがウッディーヤーナバンダです。これは、腹圧をかけることで、腹部の内側を上に伸び広がるようにする技法です。姿勢を正し、腹横筋をスシュムナーに向かって収縮させ、横隔膜を押し上げることで、腹部が締まる状態をつくっていきます。これによって腹圧がかかり、背骨が安定し、身体が動かしやすくなります。このバンダの際は、必ず肩の力を抜いて行うようにしましょう。なお、ウッディーヤーナバンダは息を吐き切ってから行うことが多く、マハーバンダ（P034）を行う際は最後に締める場所になります。

❶ **背骨をまっすぐに保ちながら、息を吸って骨盤を少し前に傾けてから立てる。**

❷ **息を吐きながら腹部をへこます。**

❸ **さらに息を吐きながら、背筋を使って背骨を引き伸ばす。**

❹ 息を吐き切ったら息を止め、会陰腱の中心を引き上げ、骨盤底筋を締め、さらに腹部をへこます。

❺ 下から上に腹圧をしっかりとかけ、胸郭を広げ、軽く顎を引く。うまくできていると腹部が真空パックのようになる。

❻ ウッディーヤーナバンダを解く際は喉と腹部を緩めてから息を吸い、自然呼吸に戻る。その後腹部が温かくなっているのを感じる。30秒程度自然呼吸に戻してから3セットを目安に行う。

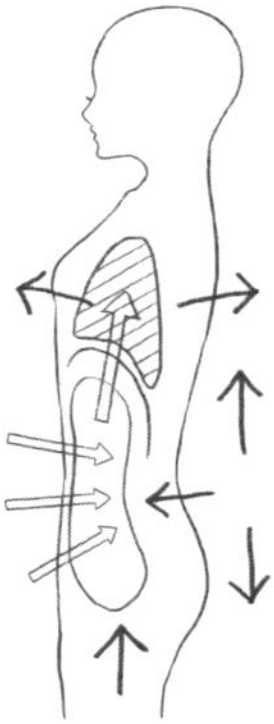

ウッディーヤーナバンダが入っている状態では腹圧がかかり、背筋も使えているので、背筋が伸びている。骨盤底筋も使えているので横隔膜が押し上げられる状態となり、胸が開く。

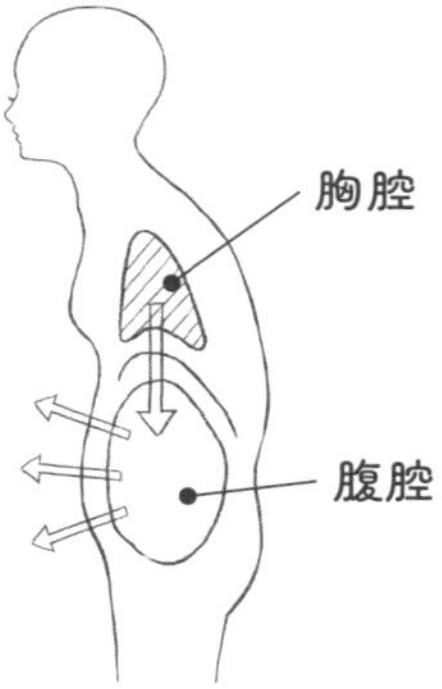

ウッディーヤーナバンダが抜けている状態では、腹圧がかからず、胸腔も下がり、猫背になってしまう。

I マニプーラ・チャクラを活性化するアーサナ

1 ダヌラーサナ（弓のポーズ）

腹部に圧をかけて呼吸することで、マッサージ効果がもたらされ、生殖器系の活性化にもつながります。背骨の歪みもとれるので、姿勢改善や腰痛予防にも作用があります。ただし、腰痛がある方は腰を反らせ過ぎないように恥骨でしっかりと床を押しながら、腹筋も使って腰を保護し、ウッディーヤーナバンダ（P124）を意識しながら動くとよいでしょう。

❶ うつ伏せになり、額を床につけ、両膝を曲げて両手で両足首を掴む（両膝は腰幅以上に開かない）。

❷ 息を吐いた後に、鼻から吸いながら両脚を後ろに引き、両腕を伸ばして頭を上げていく。

❸ 腰で身体を反らそうとせず、尻尾をたくし込むイメージで、恥骨で床を押し、腰が反り過ぎないように保護しながら、両足を後ろに蹴るようにして上体を上げていく。その際、目線は前にして胸は開き、股関節を伸展させる。

❹ 臍の辺りが床に接しているのを感じ、深呼吸をしながら無理のない程度にポーズをホールド。

❺ 息を吐きながらゆっくりと床に下り、頬を床につけてリラックス。2～3セットを目安に行う。

※身体を前後に揺らし、ポーズをホールドすることで腹部がマッサージされる。

2 アルダマッツェンドラーサナ（ねじりのポーズ）

正しい姿勢で背骨をねじり、呼吸を繰り返すことで消化器系を活性化します。腹部周囲の過剰な脂肪を燃焼し、イダーとピンガラー（P061）を浄化するなどの作用もあります。

❶
正座で姿勢を整えてから、尻を左の床に下ろし、両脚を右に流す。そして、右脚を左膝の外側に立てて、両手で右膝を抱えるように胸に引き寄せる。顔は正面を向き、背骨を引き伸ばす（初心者は尻の下にブロックを敷いてもよい）。

❷
左手は右腿の外側に引っかけ、右手は床の上に添えて一度息を吸って、吐きながら上体を右にねじっていく。

❸
吸う息で背骨を引き伸ばし、吐く息でさらにねじりを深める。3〜5呼吸ほど繰り返す。

❹
横隔膜を使って深呼吸を繰り返し、腹部を動かす。この時、骨盤底筋と横隔膜が水平であるように意識する。

❺
息を吐き切った後に、吸いながら上半身を前に戻す。正座に戻ったら深呼吸し、左半身が温まるのを感じる。さらに尻を右に下ろし、両脚を左に流して反対のねじりも行う。左右のねじりのポーズを1回ずつを目安に行う。

Ⅱ マニプーラ・チャクラを活性化するクリヤ法

1 ウッジャーイープラーナーヤーマ

「ウッジャーイー」とはサンスクリット語で「勝利」という意味を持ち、そこから派生して「心に勝利する」という意味があります。呼吸音をかすかに出す呼吸法で、その摩擦音により、呼吸のスピードを一定に保ち、心を落ち着けることで集中力を高めます。

この呼吸法は横隔膜を積極的に使うので、呼吸の効率が高まります。また体内に熱を生み出す作用があるので、身体を内部から温めます。ただし、手順通り正しく行い、喉を痛めないようにしましょう。

❶ **座位で背骨をまっすぐに伸ばし、リラックスした状態で両手を膝の上に置き、目を閉じて呼吸を数回繰り返す。**

❷

口は閉じたまま、鼻からゆっくりと完全呼吸法あるいは胸式呼吸法を行う。息を吸う時も吐く時も軟口蓋を引き上げ、鼻の奥を少し絞って、さざ波のような音を発生させる。

❸

吸う息と吐く息は一対一の長さに保つ（通常一呼吸は4～5秒が目安）。

❹

終了時は喉を緩め、ゆっくりと自然呼吸に戻していき、数回深く息を吸って吐く。2～3分を目安に行う。

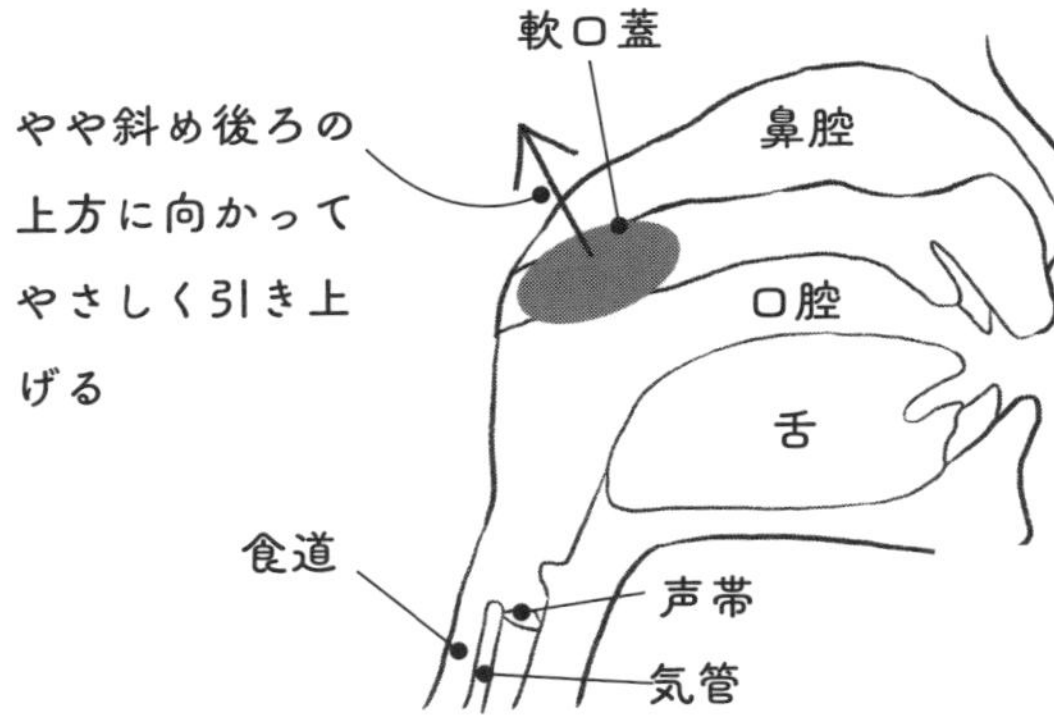

ウッジャーイープラーナーヤーマのポイント

舌を上顎に沿わせながら奥に移動させると、届くか届かないかの場所に柔らかな軟口蓋という部位がある。その部位を斜め上へとやさしく引き上げながら、ウッジャーイープラーナーヤーマを行う。すると、鼻の奥が引き締まり、さざ波のような摩擦音が発生し、脳へと刺激がもたらされる。

2 アグニサルクリヤ

息を吐き切った状態で腹部を出し入れする内臓マッサージと腹筋トレーニングを兼ねたクリヤ法。「アグニ」は「消化力や代謝」を指し、「サルクリア」は「清浄さや純粋さ」を表すサンスクリット語。文字通り、消化器系の機能を最適な状態に保ち、身体の浄化を促進する呼吸法です。ただし、内臓を大きく動かすことになるので食前に行うように注意しましょう。

❶ 左右の膝を少し開いて正座の状態になり、両手を脚の間に置き、上半身を前に傾けるポジションを取る。

❷ 息を吸った後に、両鼻もしくは口から息をゆっくりとすべて吐き出す。

❸ 息を吐き切ったら、顎を軽く引き、息を止める。呼吸を止めたまま臍を背骨の方向に引き込み、腹部をへこませ、膨らますといった動作を交互に連続して行う。急ぎ過ぎず、ゆっくりと行うようにする。

4 息苦しく感じる前に喉を緩めて息を吸いながら正座に戻り、自然呼吸をする。目を閉じ、腹部の感覚に集中し、解放感や腹部が温かくなっているのを味わう。3セットを目安に行う。

3 バストリカプラーナーヤーマ（ふいごの呼吸）

バストリカプラーナーヤーマは、ヒマラヤヨーガの中でももっともパワフルな呼吸を使ったクリヤ法の一つです。腹部にプラーナを集め、火のエネルギーを燃やすことで、全身のエネルギーを上昇させます。この呼吸法を実践すると、腹部が温かく感じられ、胸が広がり、脳が目覚めたような感覚を味わうことができます。この呼吸法は急速かつ強力な呼吸をリズミカルに繰り返すことで、腹部の筋肉を強化します。内臓にも刺激が加わるので、腸の働きを促進し、肺活量の増加や呼吸器系の機能向上にも作用があります。

ただし、未経験者はまずカパーラバーティープラーナーヤーマ（P087）から始めてください。カパーラバーティープラーナーヤーマは力強く息を吐きますが、吸う時は無理に強く吸わずに自然な呼吸に任せます。一方、バストリカプラーナーヤーマは息を吸う時も力強く行うため、より身体に負荷がかかります。的確に学び、慎重に実践しないと健康に悪影響を与える可能性があるので注意してください。カパーラバーティープラーナーヤーマに慣れてきた場合もバストリカプラーナーヤーマは10～20回から始め、少しずつ回数を増やしていきましょう。ただし、妊婦の方、高血圧、心臓疾患をお持ちの方は禁忌となります。

❶ あぐらで座り、姿勢と呼吸を整える。

❷ 両鼻から息を完全に吐き切ってから、下腹部と胸に意識を向けて呼吸を吸い込む。力強く鼻から息を吐き、腹部をへこませ、すぐに同じ力で息を強く吸い込み腹部を膨らませる動作を繰り返す。息を吐く時は腹部を完全にへこませ、力強く吐き切る。息を吐く動作と吸う動作は一対一の強度で行う。
※余裕が出てきたら、息を吸う時は腹部から胸の上部まで十分に吸い込むようにする。

❸ 終了時は、少しずつ呼吸のスピードと力を緩めていき、息をすべて吐き切ってから、自然呼吸に戻る。腹部が熱くなっているのを確認する。10～20回から始め、少しずつ回数を増やしていき、最終的には1～3分を目安に伸ばす。

Ⅲ

マニプーラ・チャクラを活性化するエネルギーワーク

笑いヨーガ

マニプーラ・チャクラを活性化するにはとにかく笑うことが効果的です。笑うという行為によってコルチゾールというストレスホルモンが減少し、心地よい高揚感が全身に広がります。なんとその効果は「約45分も続く」と言われているのです。

ワークの手順は、とびきりの笑顔で笑うことを3～5分続けるだけです。両手を叩いたり、ジャンプしたり、わざとらしいほど大声で「ハッハハー」と発声したりしながら笑います。「やったー！」と叫びながら両手を上げるジェスチャーをしたり、大げさに喜んだりするなど、色々なポーズで笑い続けるのもよいでしょう。一通り笑ったらゆっくりと止めて、自然に微笑みながら目を閉じて座ってください。

Ⅳ マニプーラ・チャクラを活性化するガイド瞑想

内なる火の瞑想

これからイメージするあなたの内側にある小さな火種は始まりのシンボルであり、内なる希望の光です。この純粋な火種のエネルギーは、今後のあなたの人生の指針となり、新しい創造性と生命力の源となります。

では、腹部の内側に温かい熱を感じ取り、火をイメージしてみましょう。暗闇をやさしく照らし出すロウソクの炎でも、燃え盛る炎でも何でもかまいません。ではその火のエネルギーを少しずつ大きくしてみてください。ウッジャーイープラーナーヤーマやバストリカプラーナーヤーマを行うのもよいでしょう。炎が腹部全体に広がっていくのをイメージしてみましょう。そしてその火によって内側にあったネガティブな感情や思考が浄化され、ポジティブなものに変わっていく様子を思い浮かべてみてください。すると、腹部が温かさと光でいっぱいに満たされていくのを感じられます。しばらくこの状態をホールドしてみましょう。

次に火の光が腹部から上昇して眉間に入り、頭全体に広がり、頭が光り輝くようにイメージします。その光が脳内のネガティブな思考のエネルギーを浄化していく様子をしばらく観察しましょう。脳内が空っぽになる感覚を得られたら、この火の光のエネルギーを頭の中心にあるアージュニャー・チャクラ（P189）に集めていくように意識します。このチャクラに火の光のエネルギーが到達すると、根底にあるネガティブなエネルギーさえも一掃されていきます。しばらくの間アージュニャー・チャクラがまばゆく光り輝いている様子をイメージし続けましょう。

最後にこの光のエネルギーが全身に広がる様子をイメージします。全身に火の光が充満し、手足に新たな力がみなぎっていくのを感じ、数分続けましょう。自分の内部に蓄積されていたネガティブなエネルギーが消滅していく様子も観察します。

全身が光に包まれた状態から軽さを感じるようになったら、炎が徐々に小さくなり、静かに灰が覆い始めるようにイメージします。最後は内部に小さな火種だけが残り、深い静寂があなたを包みます。いまあなたは心静かでありながらも、新しい可能性に満ち溢れていることを実感できるはずです。生まれ変わったようなすがすがしさを感じてみましょう。

CHAPTER
6

第4チャクラ
―アナーハタ・チャクラ―

अनआहत चक

アナーハタ・チャクラのはなし

「アナーハタ」は、サンスクリット語で「打たない、衝突がない」という意味があります。アナーハタ・チャクラは風のエレメントを持ち、知性体（インテレクチュアルボディ）とつながっています。このチャクラは下方と上方のチャクラの中心に位置することから、高次の自己へと至る架け橋とも言えます。胸部内にあるこのチャクラは循環器系や呼吸器系、免疫系の領域を統括しており、その中心は心臓にあります。ご存じの通り心臓は車のエンジンのように血液を全身に送る重要な役割を持っており、インド哲学では心臓はアートマンが存在する場所として重視されています。

また、このチャクラが司っている肺も呼吸によって酸素を取り入れ、不要になった二酸化炭素を外部に排出する大切な働きがあります。なお、免疫系を担う重要な細胞のリンパ球をつくる組織として知られる胸腺もこのチャクラと密接に関連しています。つまり、このチャクラの領域は生命の維持において大変重要な働きを持っている部位が集まっている場所なのです。

この領域はマニプーラ・チャクラと同様に思考を司っていますが、より微細で高次のエネルギ

CHAKRA CHART

アナーハタ・チャクラチャート

エネルギーボディ	インテレクチュアルボディ（知性体）
位置	心臓
働き	受容、許し、調和、平和、思いやり、無条件の愛、均衡、共感、癒し
色	緑色、ピンク
元素	風
音	Yam《ヤーン》
育つ時期	21 ～ 28 歳
肉体	心臓、肺、胸郭、上肢帯（肩甲骨・鎖骨）、上肢、免疫系、呼吸器系、気道、気管支
腺	胸腺
感覚	触覚（触覚を感じながらのセルフマッサージも効果的）
音	心を高揚させる音、キールタン、クラシックミュージック
学び	無条件の愛を体験する

ーが流れています。具体的に言うならば、子供が遊んでいるのを母親がやさしく見守るような愛や信頼、知性と経験に基づいた成熟した思考のエネルギーです。アナーハタ・チャクラのバランスが取れてくると、実際に血圧が下がり、心臓の動きがゆっくりとなり、呼吸数も減ってきます。そのような背景からか、ヨーガ行者にとってアナーハタ・チャクラは不老不死への道を開く鍵を握っているとも考えられているのです。

ちなみに、チャクラシステムでは、スワーディシュターナ・チャクラで感情に気づき（realize）、マニプーラ・チャクラで感情を抑えたり、解放したりしながら（suppress or release）、アナーハタ・チャクラでより繊細に感じ（feel）、後述するヴィシュッダ・チャクラで表現する（express）といった一連の心の働きがあります。そのため、マニプーラ・チャクラの火のエネルギーによって思考を浄化した状態でアナーハタ・チャクラの領域を育てていくと、心がオープンになり、物事をありのまま受け入れようとする気持ちが芽生えるようになります。すると、自分の価値観やこだわりから脱却し、何の条件や制約もない愛の本質を理解できるようになっていきます。

実際にこの無条件の愛を体験すると、魂が解放され至福の喜びを感じるようになりますが、それには何も特別なことをする必要はありません。ワークを通して「すでに無条件の愛が自分の中に存在していた」のだと気づくだけでいいのです。このプロセスによって無条件の愛を体験し、さらにそれを人生で体現することこそがアナーハタ・チャクラのワークのゴールです。

CHAPTER 6

アナーハタ・チャクラが育つ時期（21〜28歳）

21歳からは自我が育っていく時期です。具体的には、「自分が他人からどう見られているのだろうか」という認識から、「私が世界をどう見ているのだろう」といった主体的な認識に変わっていきます。この時期は学校を卒業して社会に出て仕事を始めることになりますが、未熟な自分の現実を目の当たりにして落胆し、挫折を味わうことも少なくありません。

私自身も人生において大きな壁にぶち当たったのがこの時期でした。芸術大学に行き、「みんなと同じことはしたくない！　会社で働きたくないから海外に行く！」と決意し、カナダへ渡ったものの、自分の語学力やスキル・知識のなさに愕然として1年半で日本に帰ってきました。当時の私は、海外生活に挫折し、傷心していました。

しかし、いま振り返れば、こうした挫折も次のステップに進むための大事な過程だと言えます。この時期には、物事がうまくいかなくても投げやりにならずに逃げ出さないことが大切です。ちなみに、シュタイナーも「自分の可能性を諦めないで行動すると、自分の中にある才能を見つけ出すことができ、どんなことでもやり遂げる力が身につく」と言っています。つまり、この時期は成功からよりも、失敗からのほうが学ぶことが多いのです。これを聞いて「若い時の苦労は買ってでもせよ」という言葉の本質が理解できるようになりました。

後日談になりますが、帰国してから、私はカナダで学んだグラフィックデザインのスキルを活かし、6年間日本で会社員として働きました。あんなに会社員を嫌がっていたのに、失敗を経験したおかげで、会社員になることも気持ち良く受け入れることができたのです（会社員になった時期からヨーガを始めたことも影響しているかもしれません）。

また、この時期は多くの人が他人を愛することを経験し、中には結婚する人も出てきます。そして、愛とは何かについて模索する時期でもあります。私は26歳で結婚をしましたが、当時を振り返ると無条件の愛がどういうものか分かりませんでした。夫に対して話を真剣に聞かない時もあったり、自由な時間をつくってあげるといった配慮もありませんでした。しかし、いま振り返ると、家族を持つことによって次第に愛について多くの学びや経験を得ることができるようになっていったのだろうと思います。

生活の中でバランスを取るヒント

「ありがとう」を言う、マッサージやセルフケアをする、大地の上をやさしくゆっくり歩く、リサイクルを心掛ける、自分をあるがままに受け入れ愛する、気持ち良く深呼吸する、胸の中で母（父）性愛を感じる、タバコを止める

アナーハタ・チャクラワークを行う際のポイント

現代人はオフィスワークなどの影響で胸郭が狭くなりがちです。アナーハタ・チャクラのワークでは、胸郭を広げることを目的に正しい姿勢を身につけていきます。ワークを通して骨格の

アライメントを整え、リラックスした状態で丁寧に深呼吸を繰り返すことで、循環器系、呼吸器系、免疫系の機能が高まります。

この時重要になるのが胸の内側からの圧力です。地球上では常に気圧がかかっていますが、その負荷に負けてしまうと、姿勢が悪くなり胸が閉じてしまいます。ちなみに、ヨーガでよく言われる「オープンハート」の状態とは、胸のスペースが広がり、心が穏やかになっている状態を指します。しかし、一般的に提唱されているオープンハートは、胸椎の曲げ伸ばしによって胸の前面を広げるのが目的であることが多く、それでは効果が限定的になってしまいます。そこで、胸を内から外に広げる内圧を意識することが重要になります。

それには深呼吸を繰り返しながら、胸の前面だけではなく、背部の空間を広げる意識が大切になります。また、ワークを通じて腹筋や骨盤底筋、横隔膜の機能を高めることも、胸の内圧を高めることにつながります。この状態で各種呼吸法を丁寧に実践することを心掛けてください。そのほかにも、アナーハタ・チャクラの領域にあたる腕の使い方も重要です。腕だけを動かそうとすると、肩関節を痛めやすくなるので、肩甲骨や鎖骨から腕を動かすように意識しましょう。また、第2の心臓と言われるふくらはぎの筋肉（ヒラメ筋、腓腹《ひふく》筋）は立ったり、歩いたりすることで血液を心臓に循環させる働きがあります。そのため、ふくらはぎをたっぷり使って足の指を動かすと、アナーハタ・チャクラの領域である循環器系の働きも高めることにもなります。

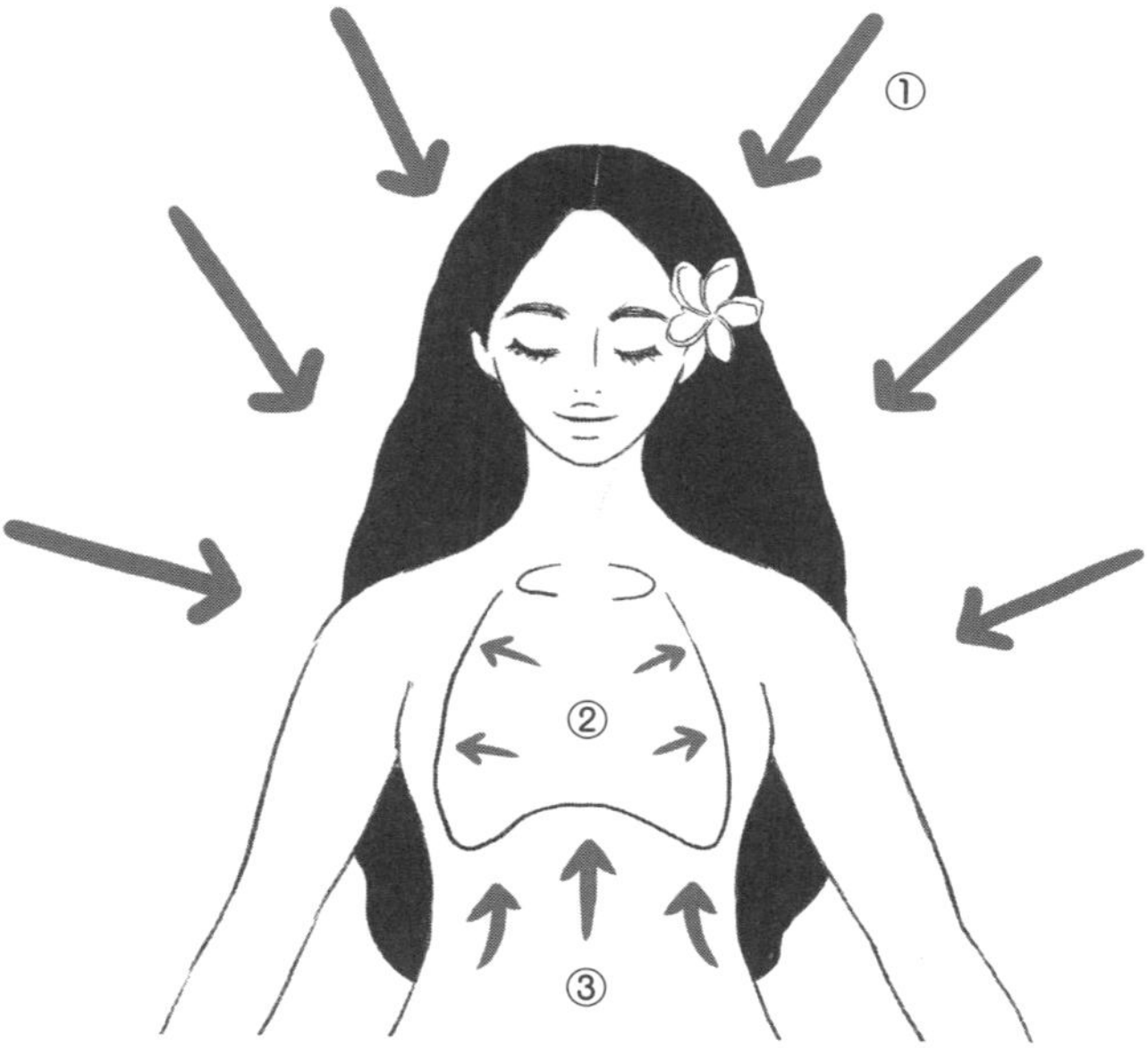

外圧と内圧の関係

① 気圧・外圧
② 胸腔の内圧（内から外へ広がる力）
③ 腹圧

アナーハタ・チャクラワークを行う際の身体の使い方のポイント

横隔膜・腹横筋・骨盤底筋の連動

アナーハタ・チャクラのワークをする際に特に意識したいのが呼吸です。その際に注意したいポイントが横隔膜・腹横筋・骨盤底筋の連動です。ちなみに、息を吸う際に横隔膜が収縮して下りていき、腹横筋は緩むことになります。そして、骨盤底筋は適度な緊張を保った状態で外側へと膨らみ、上方からの呼吸の振動を受け止めることになります。

反対に息を吐く際は、骨盤底筋が収縮し、上方に引き上がります。そして、腹横筋は収縮して腹部がへこみ、横隔膜が緩んで上方に持ち上がるようになります。

深呼吸をしながらこれらの一連の動きを意識してみてください。呼吸が深くなっていることにきっと驚かれることでしょう。

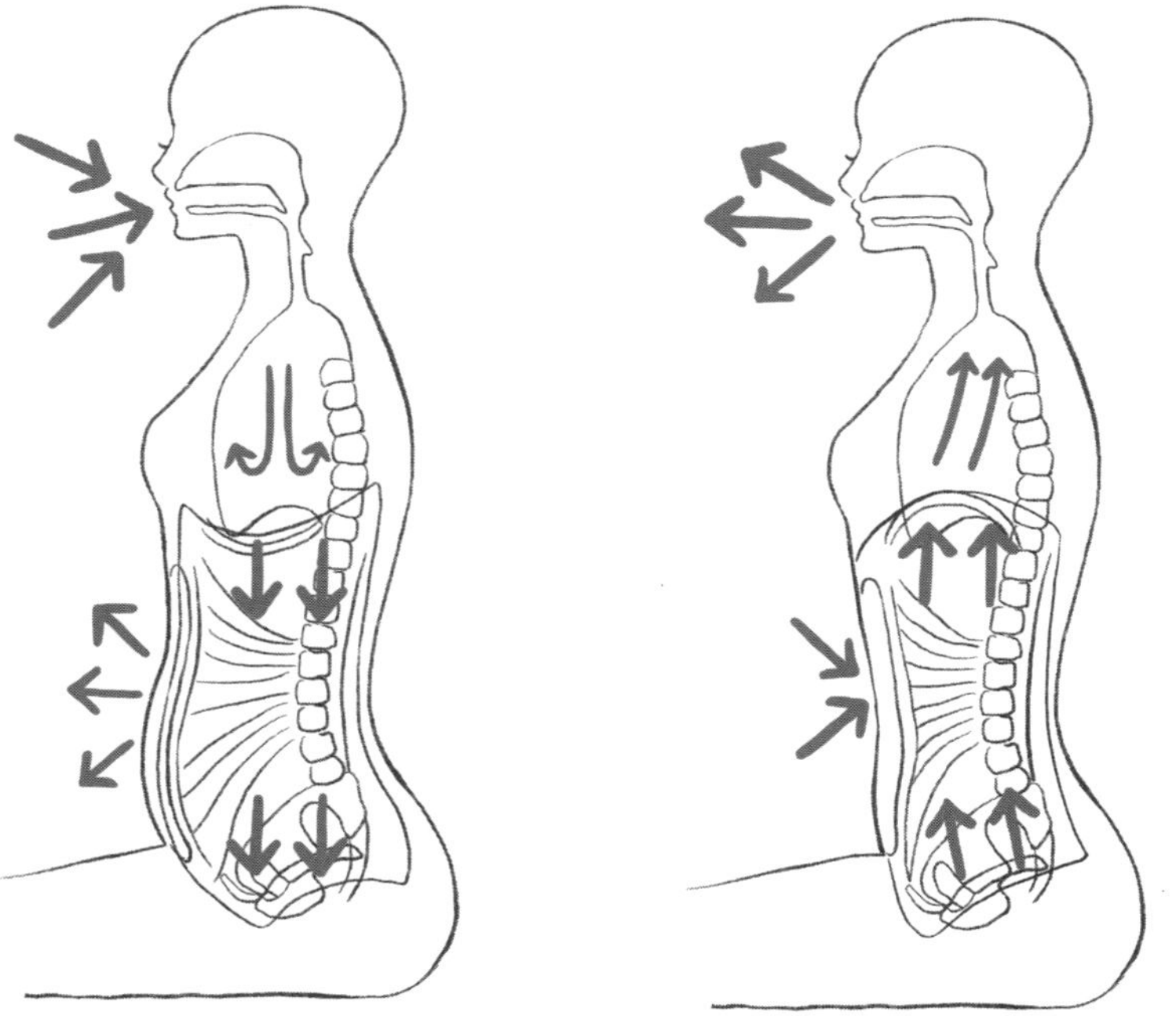

息を吸う

鼻と口から息を吸い、横隔膜、腹横筋、骨盤底筋の順番で連動し、呼吸の振動を受け止める。

息を吐く

骨盤底筋、腹横筋、横隔膜の順番で連動し、鼻と口から息を吐く。

横隔膜・腹横筋・骨盤底筋の連動

I アナーハタ・チャクラを活性化するアーサナ

1 アンジャネーヤーサナ（三日月のポーズ）

両手を上げ、上体を引き伸ばしながら、深い呼吸を繰り返すアーサナです。肩周りや骨盤などをはじめとする全身のストレッチになり、呼吸筋や関節が活性化されます。骨盤や腿の筋肉も使うので、血流が良くなり循環器系の機能も高めます。リラックスしながら胸郭を広げて、呼吸を深めてみましょう。

❶ 四つん這いの姿勢になる（初心者の方はブロックを使ってもよい）。

❷ 右脚を両手の間に大きく一歩出す。そして、左足はつま先を床につけ後ろへ引き、股関節からつま先までが一直線になるようにする。右脚の膝は足首の真上にあり、右腿が床と平行になるように調整する（ブロックがある場合は両肩の下に置き、手を添えて身体

を支える）。

❸ 左足の甲でしっかり床を押しながら、上半身を持ち上げる。尻尾を脚の間にたくし込むイメージで、恥骨を臍の方向に引き上げて腰にスペースをつくり、腹圧を高める。軽く左腿を内旋させ、鼠《そ》径《けい》部が伸びているのを感じる（この時、両手は左右にぶら下がっている状態）。

❹ 足腰の安定を感じたら、両手は肩幅に保ち、息を吸いながら両手を前から頭上に向けて頭を挟むように上げていく（難しい場合はブロックの上に掌を置いたままか、胸の前で合掌するだけでもよい）。

❺ 背中を伸ばしたら、肩の力を抜いて、胸を開いて呼吸を深める。頭を自然な位置に保ち、視線は前方か少し上に向ける（ジャーランダラバンダ〈P169〉を使って、首に負担がかからないように注意）。

❻ 3～5呼吸程度ポーズをホールド。サットヴァの状態で心地良い呼吸ができているかを

確認しながらポーズを続ける。

❼ ポーズを解く際はゆっくりと両手を前から床に戻し、右脚を四つん這いの姿勢に戻す。その後バーラーサナ（P201）かアドームカシュワーナーサナ（P042）で休息する。

❽ 左脚を前に出して同様に行う。

❾ 左右のアーサナが終わったら、正座になって胸の広がりを感じる。左右1回ずつ1セットを目安に行う。

2 トリコナーサナ（三角のポーズ）

三角形をつくるように身体を横に傾け、ねじるアーサナです。腰や胸を開きながら呼吸を深めることができるので、呼吸器系が強化され、肺活量が増加します。また体腔を広げることになるので、血液の循環が改善されます。ポーズを解いた後はリラックスするので、免疫機能の向上も期待できます。

❶ ターダーサナ（P038）から始める（初心者の方はブロックを用意する）。

❷ 両脚を大きく左右に開く（理想は両手を横に伸ばした時に、手首の幅と足首の幅がほぼ同じになるまで両脚を開く）。股関節が硬い人は足の幅を狭くしてもよい。

❸ 右つま先を右に向け、左足は45度程度内側に向ける。右の踵と左の土踏まずが横一直線上になるように意識する（ブロックがある場合は右脛の外側に立てておく）。

❹ 息を吸いながら、両手を肩の高さに左右にまっすぐ伸ばし、二の腕は外旋したら、両掌は下に向ける。尻尾を引き込み、恥骨を臍の方向に向けて腰椎にスペースをつくる。

❺ 両足の踵と母指球（親指の付け根）で床をしっかり押し、息を吐きながら右股関節を曲げるように上体を右に傾けていく。右手は右脛に置き（ブロックに置いてもよい）、息を吸いながら左手を伸ばす。両方の二の腕は外旋する。

❻ 上半身が左右に広がり、骨盤と胸が開いて身体は三角形の形になる。視線は左の指先

に向ける（難しい場合は、目線はどこでもよいが、一度決めたら固定する）。ジャーランダラバンダ（P169）を意識し、首に負担がかからないように注意する。

❼ 快適な状態で、3〜5呼吸ほどポーズをホールドしながら、息を吸う時に右踵と母指球で床を押す。そして、息を吐く時には大地の重力を感じる。

❽ ポーズを解く際は右膝を少し曲げ、右踵で床をしっかり押しながら身体を起こす。反対側でも同様に行い、ターダーサナに戻る。左右1回ずつ1セットを目安に行う。

※ブジャンガーサナ（P083）を数回丁寧に繰り返しても胸を気持ち良く開くことができる。

Ⅱ アナーハタ・チャクラを活性化するクリヤ法

1 スカープルバグプラーナーヤーマ

片鼻から交互に息を吸い、止めた後に、もう片方から吐くクリヤ法。片鼻で呼吸することによって気の流れが変化し、心拍数や血圧が下がり、血流も改善されます。また、息を止めることによって、自律神経が整い、ストレスが減り、免疫機能も向上します。ヒマラヤヨーガでも重要な呼吸法で、息を止めて負荷をかけることで循環器系が調整され、肺活量も増加します。

❶ 片鼻呼吸法（P106）と同様にナシカムドラー（P107）で左の鼻孔から息を吸う。

❷ 両鼻を閉じ息を止め、ムーラバンダ（P076、P088）、ジャーランダラバンダ（P169）、ウッディー

ヤーナバンダ（P124）の順番で、マハーバンダ（P034）を行い、アンタリクンバカ（吸った息をホールドすること）を行う。

❸ プラーナをアパーナ（P052）とともに臍に集め、その周辺で火が発生するようにイメージする（無理のない程度の長さ〈8カウント程度〉で行う）。

❹ ジャーランダラバンダを緩め、プラーナを吸った鼻孔と反対の鼻孔（右）からプラーナを吐く。反対も同様に行う。これらを5～10回を目安に行う。イダーとピンガラーが浄化された感覚と下腹部が熱くなっていることを感じる（P061）。

※この呼吸法で集中力が高まり、すっきりとした状態がもたらされる。

2 首を振りながらOmを唱える

首を振り続けることによって、頸椎から胸椎までを微細に動かすことができるようになります。また、Omを唱えることによって、音のバイブレーションが胸腔に響き渡り、その領域の機能が整います。心が静まり、穏やかな感覚が胸の内側に広がります。

❶ あぐらあるいは正座になり、姿勢と呼吸を整える。

❷ 目を閉じ、ゆっくりとＯｍを唱えながら首を振る（この時、姿勢が非常に重要になるので、常に骨盤を立ち上げるとともに胸を引き上げ、顎は水平に保つ）。首を振る際は首の上部を中心に回旋させる。

❸ 首を左右に動かす際は、動きを止めずに継続的に柔らかく首を振り続ける。そして、首のスピードを徐々に速めていく。目が回る感覚を覚えたら、ゆっくりとしたペースに戻す。

❹ 頚椎と胸椎を動かすことで、首の筋肉が緩む。Ｏｍの音が喉、胸、頭部に心地良く響くのを感じる。１～３分程度を目安に行う。

❺ 終了時には、首の動きをゆっくりと緩めていく。最後に顔をまっすぐ前に向け、Ｏｍを一度長く唱える。胸と喉が温かくなり、心が解放された感覚を味わう。

Ⅲ　アナーハタ・チャクラを活性化するエネルギーワーク

ホ・オポノポノ

ホ・オポノポノはハワイの伝統的な癒しのプラクティスで、心の浄化と調和を促進します。イラッとしたり、感情が高ぶったりというような人間関係の心の問題を解決するのに役立ちます。日常生活でこのような状況に陥った時には、一人で以下の四つの言葉を繰り返し唱えてみましょう。なお、これらの言葉を唱える際には、言葉の意味を深く感じながら行ってください。しばらくの間これらの言葉を繰り返し唱えたら、静かに内観しましょう。すると、感情の浄化と癒しがもたらされ、心の平安が訪れるはずです。

・**ありがとう＝マハロ**……学びや成長に感謝する。感謝の意識は心の浄化につながる。

・**ごめんなさい（真実に向き合う）＝カラマイ**……闇の部分（盲点）に光を当てて、「真実に向き合う」という意味を持つ。自分の行動や考え方を振り返るのに役立つ。誤解や勘違い、思い込みに気づき、相手を理解しようという想いが湧き、自然と客観的な視野が広がる。

・**認めます（許します）＝ミヒオエ**……相手や自分の感情・心に対し、善悪のジャッジを入れず、日々変化する心をありのまま受け入れる。

・**愛しています＝アロハ**……「すべての存在は愛の光であり、いまここにつながり合っている」ことを音の波動によって表す言葉。Ｏｍと同様の意味がある。無条件の愛を意味し、自分自身や他者に向けて愛を送る際に用いられる。

Ⅳ

アナーハタ・チャクラを活性化するガイド瞑想

ハートワンネス瞑想

まずは目を閉じ、シャバーサナあるいはあぐらで座ります。そして、意識を心臓の奥へと向けていき、細胞、分子、原子レベルを見つめるようにイメージします。すると、最終的には光の粒子が感じられ、平和な愛の波動が胸の中で響き始めます。そして、その波動を胴体全体へと広げていきます。内臓も筋肉もすべてはこの愛の粒子でできているのだと感じてみましょう。さらにその波動を全身へと広げ、あなた自身が光の粒子でできているとイメージしてみてください。

そうしたら、自分の服やヨガマット、床へと意識を広げましょう。こうした無機物も光の粒子でできています。さらに、この意識を周りの壁や天井、周りにいる人々にも広げてください。すると、自分と周りとの境がなくなり溶けるような感覚が得られます。

では、次にいまいる建物全体へと意識を広げてみましょう。すべてのもの、人に意識を広げます。そして、街全体へと意識を広げましょう。人々も動物も植物も車も建物もすべては光の粒子でできています。あなたのハートの粒子と同じものでできていると感じてみましょう。

さらに、気持ちも身体もリラックスした状態でこの国全体へと意識を広げましょう。生きものも無機質なものも山も川もすべては同じものでできています。さらに意識を広げて、海を越え、国境も越え、アジア大陸、オーストラリア大陸、アメリカ大陸、ヨーロッパ大陸へ。すべての海、川、人々、動物、鉱物、植物も地球をすっぽりと包むように感じてみます。

さらに意識を広げます。地球から放射状に意識を広げ、月、金星、太陽、惑星、銀河系全体へ。さらに宇宙全体へと意識を広げます。これらも同じ粒子でできています。すべては一つなのです。すると、すべてが溶けていき、私たちはもともとすべてが溶け込んだところから生まれて来たのだと分かります。ハートから意識を広げることによって、またそこに戻ることができたのです。このハートが開いた状態で宇宙の呼吸を感じます。宇宙全体が拡張して、ゆっくりと収縮しています。すべてはつながっていることを体感しながら、しばらく座って瞑想しましょう。

瞑想を終える際は意識をゆっくりと自分のほうへ戻していきながら、身体の感覚を戻していきます。さらに自分のエネルギーフィールド（オーラ）を半径1mから50㎝くらいまで引き戻し、手をそっと心臓の上に当て、その奥へゆっくりと意識を集めていきます。1分程度心臓に意識を集めたら、ワンネスの感覚が胸の中にもあることを感じるでしょう。

CHAPTER

7

第5チャクラ

—ヴィシュッダ・チャクラ—

वशिुद्ध चक

ヴィシュッダ・チャクラのはなし

「ヴィシュッダ」はサンスクリット語で「浄化」という意味があり、空のエレメントを持ちます。空はサンスクリット語で「アーカーシャ」と言い、物理的、精神的に無の状態を指し、無限の可能性の象徴でもあります。

ヴィシュッダ・チャクラが活性化し、空の状態を体感するようになると、下方のチャクラで認識していた身体や心を超えた自己の核である魂（セルフボディ）とつながるようになります。すると、身体的な感覚、感情や精神的な洞察、魂がもたらす深い知恵が三位一体となり、本来の意味での自己実現が可能になります。このプロセスによって自分の眠っていた可能性を最大限に引き出し、より満ち足りた人生を送ることができるようになるのです。

このチャクラの中心は喉の中央にある喉仏にあたり、その裏には声帯があります。さらに、その下方には甲状腺があり、そこから新陳代謝を活性化するホルモンが分泌されます。また、首の周囲には人間の生命維持に重要な役割を担う気管、食道、血管、リンパ管、脊柱管などが通っています。これらはナーディーの一部と考えられ、プラーナをはじめとするエネルギー

CHAKRA CHART

ヴィシュッダ・チャクラチャート

エネルギーボディ	セルフボディ（魂）
位置	喉
働き	清浄、浄化、コミュニケーション、共振力、表現力、創造力
色	青、スカイブルー
元素	空
音	Ham《ハーン》
育つ時期	28 ～ 35 歳
肉体	喉、首、声帯、うなじ、気管、食道、顎、鼻、歯、鼻腔、口腔
腺	甲状腺、副甲状腺、扁桃腺
感覚	聴覚（音楽を聞くだけでも声帯は反応する）
音	マントラ、チャンティング、キールタン、歌を歌う
学び	真実を表現し、生きる

の通路になっています。

したがって、ヴィシュッダ・チャクラの領域にあるナーディーの中を通るエネルギーをいかにスムーズに流すことができるようになるかがこのワークの目的となります。なお、ナーディーの流れをスムーズにするには中心軸の整合性が重要になり、首だけでなく背骨全体の調整も必要になっていきます。そのため、第1〜第4チャクラまでは、ワークを通じてチャクラが活性化したことを実感した方も、このワークは順調に進まないと感じることがあるかもしれません。焦りや不安を感じるかもしれませんが、根気強く自分に向き合うことを心掛けてください。

また、このワークでは土台となる下方のチャクラのエネルギーが十分に働いていることが重要になります。ワークがうまくいかないなと感じた時は第1〜第4チャクラの状態を再度確認してみましょう。そうしたプロセスを経ていくことによって、本来の自己とつながり、魂が花開く瞬間がやってくるはずです。

ヴィシュッダ・チャクラが育つ時期（28〜35歳）

シュタイナー教育では、「21歳〜28歳までが人生の基盤をつくる時期で、35歳までにはその基盤を確立させる」と言われています。なお、28〜35歳は物質性が高まるとともに、出産や親族の死といった「死と誕生」を経験する時期にも重なります。この試練は物質的な価値観から精神的な価値観に移行するプロセスです。ちなみに、キリストは33歳で十字架にかけられたと言われています。みなさんの中にも精神的な目覚めを感じたり、スピリチュアルな世界に興味を持ち出したりする時期と重なる方がいらっしゃるのではないでしょうか。この時期の試練は精神的な進化を遂げるためにも大変重要なものです。

ただし、この時期に注意したいのが、孤独や不安を感じても物質だけで自己を満たそうとしないことです。精神的な成長を基準に物事を選択できるかどうかが今後のあなたの人生を決めると言っても過言ではありません。そうしたシフトチェンジを経ないと、中高年になってから心の空虚さを感じ、生きる意味を見失うことにもつながりかねないのです。また、この時期には自己中心的な思考で行動をするのではなく、他者や社会への貢献に目を向けてみることも大切になります。そうすることで、新たな自分の可能性にも気づくことにつながります。

私の経験を振り返ってもこの時期に自分の好きなことを追求するようになり、ヨーガの指導にのめりこみました。そして、32歳の時にチャクラシステムに出会い、この教えを研究し続けたいと思ったことから、会社を辞め、ヨガインストラクターとして独立し、ババジのプログラムに参加しました。その結果、自分の内面が変化し、物質的な成功よりも精神的な成長を追求したいという意識が芽生え始めました。さらに、自分の中に「真理に近づきたい」という願いがあることに気づき、人生が大きく変わっていったのです。いま振り返ると、あの時会社を辞め、ババジに会いに行かなかったら、まったく違う人生になっていたのではないかと思います。

みなさんはこの時期の経験や変化についてどのような気づきがあったでしょうか？　当時のことを思い出すと「あの時タイミングを逃した！」と感じる方もいるかもしれません。しかし、いまからでも遅くありません。本ワークを通していままでの学びと経験を知恵に変え、他人や世界に対して自分が何を提供できるのかを模索してみましょう。それによって自己成長の準備が整い、いままで以上に有意義な人生を築くことができるようになるでしょう。

生活の中でバランスを取るヒント

静かな時間を過ごし、内なる声に耳を傾ける、瞑想する、首を冷やさない、自分に正直に生きる、真実を語る、歌を気持ち良く歌う、喉に詰まった感覚がある時は「誰かに言わなければいけないこと」がないか考えてみる、ポジティブなアファーメーション（宣言）をする

ヴィシュッダ・チャクラワークを行う際のポイント

ヴィシュッダ・チャクラの中心にあたる喉は脳から滴り落ちるアムリタ（唾液、ホルモン、甘露）を受け止める場所で、病気の治癒や若返りに関係しています。ちなみに、ハタ・ヨーガの

逆転のポーズは「アムリタが湧き、若返りの作用がある」とされ、このアーサナを行った後は、口の中にたくさんの唾液が湧くようになります。伊藤武先生（インド研究家）によれば「唾液に含まれる『パロチン』というホルモンを大量に分泌すると若々しさを維持することができる」と言われています。

ワークを行う際は、ナーディーの流れをスムーズにするために首と背骨の歪みや強張りをとることを意識しながら行ってください。そして、声を出すワークでは、身体に気持ち良く声を響かすことにフォーカスしましょう。自分が気持ち良いと感じる声を出すと、エンドルフィン（幸福感を高める化学物質）が出て、ストレスホルモンが抑制されます。これによって、メンタルが安定し、ストレスに強くなるので精神に良い連鎖が生まれ始めます。

また、このワークはアナーハタ・チャクラで感じたありのままの気持ちを無条件の愛に変え、外部へと伝えていくステップでもあります。本書で紹介したアーサナやクリヤ法などを実践するだけでなく、日常生活の中で自分の真実とは何かを追求していくこともこのチャクラを育てるうえで大変重要です。法や倫理、社会的な規範を超えて、自分の内なる声に従って生きる覚悟を持つことこそがヴィシュッダ・チャクラを開発する術となります。このチャクラを本格的に育て始めると、転職や移住、結婚や離婚など、人生の新たな局面を迎えることも少なくありません。変化を恐れずにワークに取り組んでいきましょう。

ヴィシュッダ・チャクラワークを行う際の身体の使い方のポイント

ジャーランダラバンダの身体の使い方

ヴィシュッダ・チャクラのワークを行う際に重要になるのがジャーランダラバンダです。これは喉と声帯隔膜を締めたうえで、顎は両鎖骨の中央に近づけ、胸を持ち上げる技法です。息を吸う時、吐く時、クンバカをする時にも用います。これによって、喉の空間が開き、血液とプラーナの流れを調整することができるようになります。このバンダを使わずにアーサナを行うと、首や心臓、脳、声帯に負担がかかり、首が痛くなったり、頭が熱くなったり、声が出にくくなったりするので注意してください。

❶ 息を吐きながら、顎を引き、首の後ろを伸ばす。

❷ 胸を左右に広げながら、胸骨と肋骨上部を引き上げる。

❸ ❶と❷の相対する動きにより喉に圧がかかる。終了時は喉を緩めて息を吸う。これらを3セットを目安に行う。

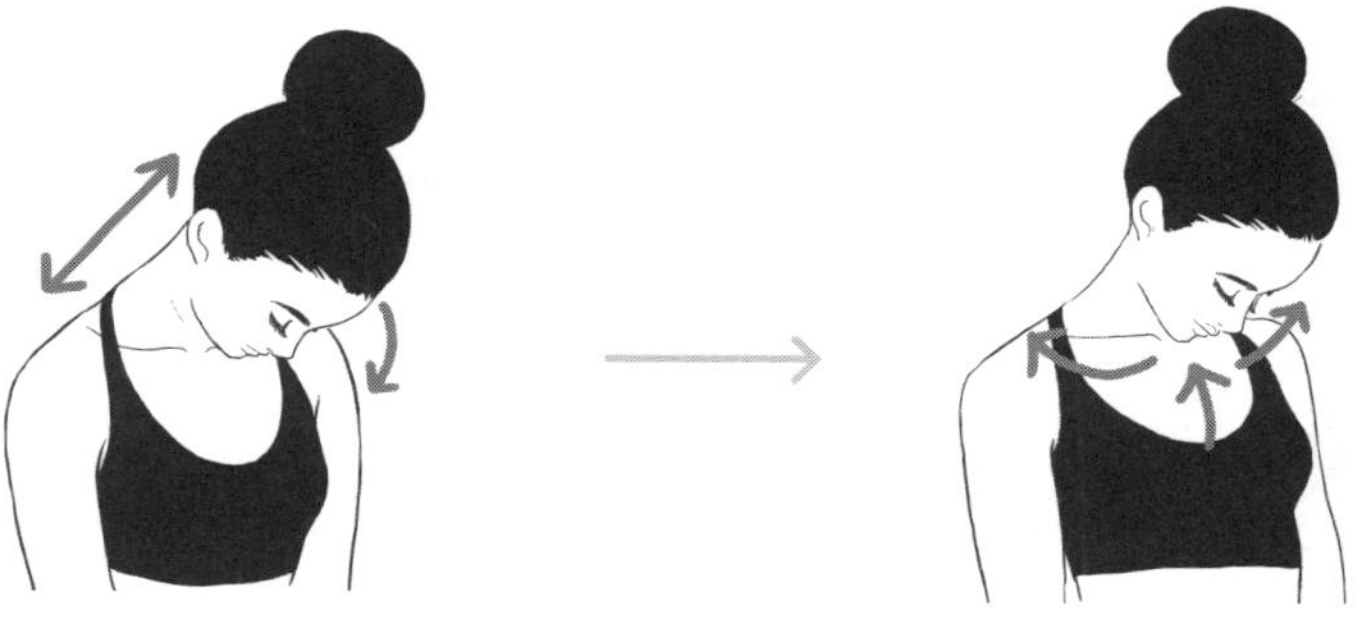

ジャーランダラバンダ

①顎を引きながら、首の後ろを伸ばす。

②胸を左右に広げ、胸骨と肋骨上部を引き上げる。
※①と②の相対する動きで、喉に圧がかかる。

I ヴィシュッダ・チャクラを活性化するアーサナ

1 首回し

首の痛みやこりは、人類が直立歩行を始めて以来の宿命と言えます。直立によって重い頭を首や肩で支えなければならなくなった結果、その負担が集中的に首にかかるようになってしまったのです。さらに現代では、パソコンやスマートフォンの普及により、多くの人が姿勢を崩し、ストレートネックに代表される首の不調を抱えています。そこで、アーサナをする前に首を緩めてみましょう。血管や気管のスペースが広がり、血流が良くなるのでおすすめです。

❶ **あぐらで座り、姿勢を整え、目は閉じる。**

❷ **1周を1分かけて、時計の針をイメージしながら首をゆっくりと回す（回しやすい方向**

でよい)。
※首を回す際は首の骨の上部を意識する。首が痛いようであれば、小さな円で回すようにしてもよい。

❸ 首に違和感があったら、その位置で一時停止する。その角度で首を倒したまま、手で頭から首、胸、肩へとやさしく撫でる（首の伸びている面を撫で下げて、縮んでいる面を撫で上げるとよい)。首を10秒程度撫でたら、再度首を回していき、引っかかりがある他の箇所でも同じことを繰り返す。

❹ 首の反対方向回しでも同様の動作を行う。

❺ 首回しに痛みがなくなったら、姿勢を正す。その後、目を閉じたまま自然な呼吸で首の緊張が和らいだ余韻を味わう。

2 ブジャンガーサナ

ブジャンガーサナ（P083）を丁寧に繰り返すと、首を安定させることができるようになります。

3 サルヴァンガーサナ（肩立ちのポーズ）の簡易版

サルヴァンガーサナは、「肩立ちのポーズ」として知られています。本章で紹介するのは壁を使った簡易版です（壁がなくてもできる方はそのままやってみましょう）。壁を使うことで安定感が増し、安全にアーサナを取ることができます。アーサナ中は首や肩に負担がかからないように肘でしっかりと床を押しながら身体全体を支えてみましょう。

❶ ヨガマットを壁にぴったりと寄せて敷く。

❷ 片方の肩が壁に寄り掛かるように体育座りしてから、マットにごろんと転がり、坐骨から踵までが壁につくように両脚を壁に沿わせて上に伸ばす（生理中の場合はここで止め

る）。

❸ 足裏で壁を押しながら、尻を持ち上げ両肘を肩幅に曲げて掌で腰を支える。

❹ 肩をゆっくりと壁のほうに寄せ、背中と壁を15㎝くらいまで近づける。

❺ 両掌で腰を支えながら、片脚ずつ伸ばしていく（脚を伸ばすことが難しい場合は、左図のように膝を曲げたままでも問題ない）。この時腿は内旋させる。

❻ 肘でしっかりと床を押しながら、このポーズで数回自然呼吸をする（この時、胸が開いて喉は気持ち良くジャーランダラバンダ〈P169〉が入り、締まっている状態）。

❼ 無理なく続けられる状態であれば、ポーズをホールドし続ける（初心者は10～30秒程度から始め、徐々に時間を延ばしていくとよい）。

❽ 終了する際は、肩で歩きながら壁から少し離れ、ゆっくりと腰を下ろす。膝を曲げてから、横に転がり身体を丸めて休む。初心者は5～10呼吸ポーズをホールドする程度

から始め、徐々に3分程度まで時間を伸ばしてもよい。これらを1セットを目安に行う。

※仰向けになって休んだり、次に紹介するハラーサナを続けて行ったりしてもよい。

※肩で立とうとして肩や首に体重をかけ過ぎないように注意。肘で立つように意識するとよい。

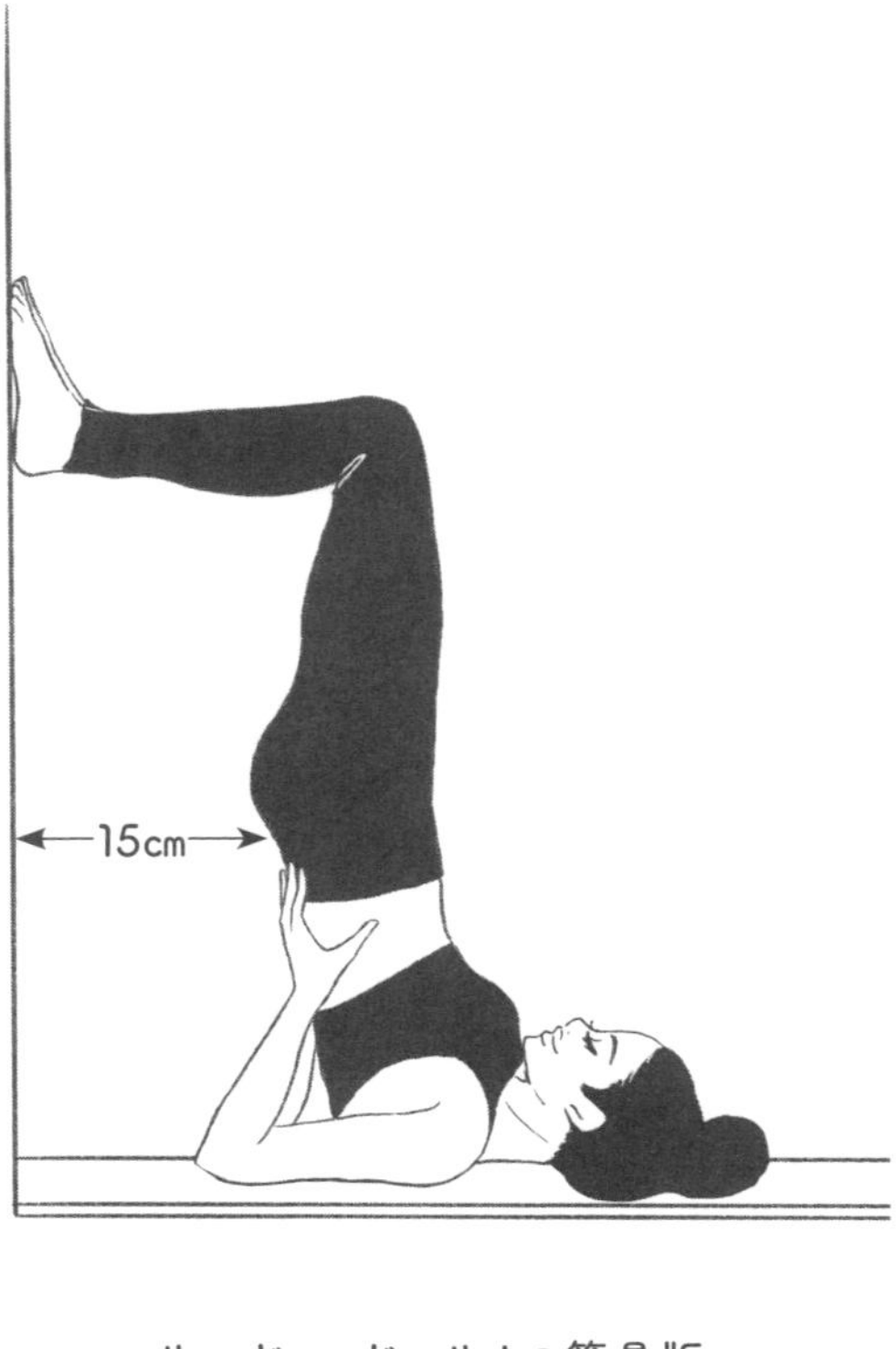

サルヴァンガーサナの簡易版

壁を使うことで楽にポーズが取れる。

4 ハラーサナ（鋤のポーズ）の簡易版

ハラーサナの簡易版では椅子を使用します。これによって安定感が増し、ポーズをより簡単に行えるようになります（椅子がなくても無理なくできる方は両足のつま先を頭上の床に下ろしてみましょう）。ポーズ中は首や肩に負担がかからないように注意しましょう。

❶ 仰向けに寝転がり、頭上に椅子を置く。

❷ 両腕を体側に伸ばし、両掌は下向きにする。

❸ 両脚を上に向けて持ち上げ、尻・背中を床から離し、両脚を頭上の椅子の座面に向けて伸ばす。つま先は椅子の座面に立てるようにして、踵は遠くに押し出すようにする。両掌は腰に添え、両肘は肩幅にする。

❹ ポーズをキープしながら目を閉じて数回自然呼吸を行い、背骨が伸びていることを感じる。

❺ 無理なく続けられる状態であればポーズをホールドし続ける（初心者は10～30秒程度から始め、徐々に時間を延ばしていく）。

❻ ポーズの終了時は、つま先を椅子から離しながらゆっくりと背中を床に戻し、両腕を体側に戻す。その後、仰向けで休む。

❼ 口の中の唾液を丁寧に飲み込む。その唾液がアナーハタ・チャクラに送られて胸が光り輝くようにイメージする。初心者は5～10呼吸ポーズをホールドする程度から始め、徐々に1、2分程度まで時間を伸ばしていく。

1セットを目安に行う。

※1、2分程度仰向けで休んでからマツヤーサナ（P178）を行ってもよい。

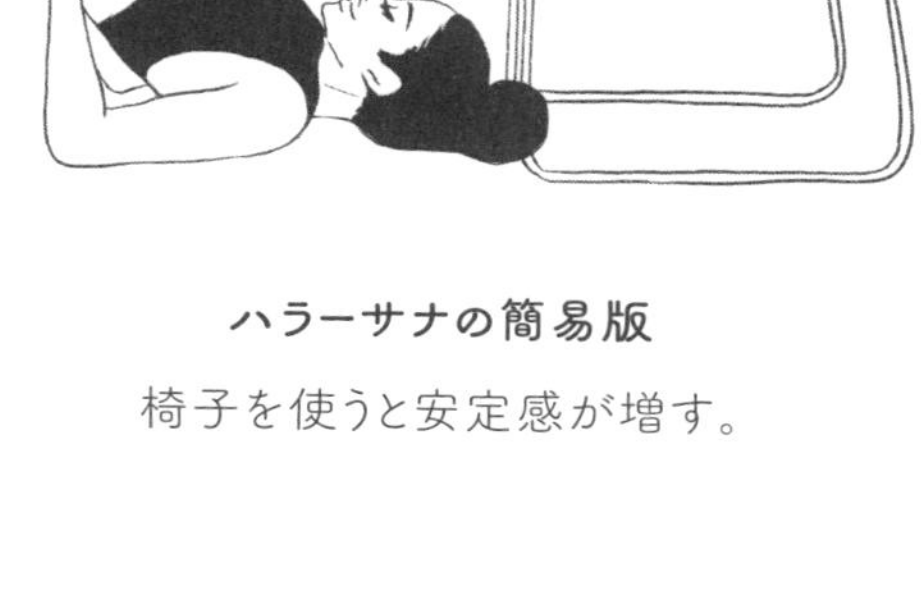

ハラーサナの簡易版

椅子を使うと安定感が増す。

5 マツヤーサナ（魚のポーズ）

胸を開いて呼吸を深化させ、首のエネルギーを活性化させるアーサナ。このアーサナは練習を注意深く行い、自分の体調に合わせて行うようにしましょう。首に問題を抱えている人、首周辺の筋肉が硬過ぎて頭頂部が床につかなかったり、めまいがしたりする場合はこのアーサナは控えてください。

❶ 仰向けになり、背筋を伸ばす。

❷ 両腕を体側に伸ばし、両掌は上向きで親指から握り込むように拳をつくり、ケーチャリームドラー（P182）を行う。

❸ 両肘でしっかり床を押しながら、胸の中心を持ち上げるように背中を床から離し、頭頂部を床につける。目は閉じるが、視線は額に向ける。尻は床につけて、内腿を内旋させるようにし、つま先は軽く伸ばしておく。

❹ ポーズをホールドしながら自然呼吸を繰り返す。初心者は10～30秒程度を目安にする。

❺ ポーズの終了時は、しっかりと両肘で床を押して頭に重さがかからないようにしながら顎を引き、首を元の位置に戻す。

❻ 手足を解放して仰向けの状態でリラックスする。初心者は5～10呼吸ポーズをホールドする程度を目安にする。長くても1分を目安に行う。

※このポーズを行うと、首の裏側や脳内にたくさんのエネルギーが流れ、呼吸が深まる。

Ⅱ　ヴィシュッダ・チャクラを活性化するクリヤ法

1　ブラーマリープラーナーヤーマ

「ブラーマリー」は、サンスクリット語で「蜂」または「蜂の羽音」を意味し、この呼吸法の実践中に出る呼吸音が、蜂の羽音に似ていることに由来します。この呼吸法を行う際は、苦しくない程度の長さで行い、喉を締め付けないように注意しましょう。

❶ あぐらで座り、姿勢を整える。そして、両手の親指は耳の入口の軟骨に添え、残りの4本の指で目をやさしく覆うように置く（眼球には圧力がかからないように注意）。

❷ 両鼻から息を吐き、軟口蓋を引き上げて、ウッジャーイープラーナーヤーマ（P129）のような音を聞きながら両鼻で息を吸う。

❸ 2、3秒程度クンバカを行う。

❹ 軟口蓋を引き上げて、ハミングのような音を出しながら両鼻でゆっくりと息を吐く（ハミングの音は普段の話し声と同じ音程にする）。これを10回程度繰り返す（慣れてきたら5分以上続ける）。

❺ 響きと振動に集中する。そして、次第に音を小さくして繊細な音にしていく。

❻ 終了時にはハミングを止め、手をほどく。自然な姿勢のまま呼吸を整え、心の静けさや平穏を感じる。

ブラーマリープラーナーヤーマの基本姿勢

2 ケーチャリームドラーの簡易版

ケーチャリームドラーの完全版は高度で難しいクリヤ法です。しかし、この簡易版を通じて、ケーチャリームドラーの要素を体験できます。舌を上顎につけることで、鼻腔を広げ、顎のアライメントを整え、骨盤も引き締まります（骨盤が緩んで腰が痛くなった方、生理中の方や妊婦の方にも良い作用があります）。

❶ あぐらで座り、姿勢を整え、リラックスする。

❷ 舌の先端を上の前歯のやや後ろ側に触れさせ、舌先を口蓋につける。
※舌全体でそっとやさしく上顎を持ち上げるようにすると、自然と上下の歯が触れ合わなくなり、顎が緩み、食いしばりを防ぐことができる。

❸ 口をやさしく閉じ、腹式呼吸法を行う。鼻からゆっくりと息を吸い込み、吸う息と同程度の長さで鼻から息をゆっくりと吐く。
※ケーチャリームドラーを行うと、顎を起点として全身のアライメントが整い、身体の

余分な力が抜けていくのを感じるようになる。

※アーサナの際や日常生活でケーチャリームドラーを意識的に行うとよい。

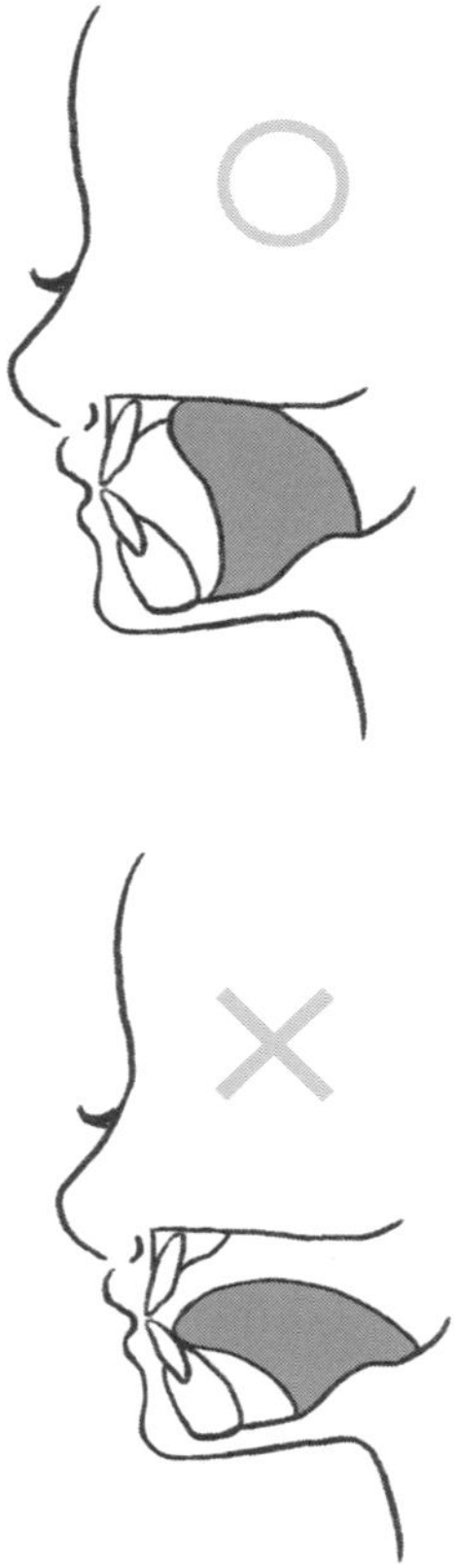

ケーチャリームドラーの簡易版

舌先を上顎の口蓋につけると、顎や骨盤のアライメントが整う。唾液もたくさん出てくるので、虫歯や歯周病の予防になり、消化力が向上し、胃腸の負担が軽減され、免疫力も向上する。

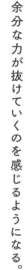

Ⅲ ヴィシュッダ・チャクラを活性化するエネルギーワーク

ビージャマントラボイスワーク

このワークは七つのチャクラのエレメントを表すビージャマントラを唱えることによって、チャクラの活性化と調和を促進していきます。まずは静かな場所でリラックスし、あぐらで姿勢を整えましょう。そして、深呼吸し、心と身体を鎮めてから、ムーラーダーラ・チャクラから順に各チャクラに焦点を当てていきます。

準備が整ったら、各ビージャマントラを静かにゆっくりと3回ずつ唱えていきます。ビージャマントラの振動が各チャクラを満たすことで身体や心に現れる感覚、思考、感情を観察してみましょう。この時、エレメントも感じながら、ビージャマントラの純粋な波動に意識を向けて唱え続けます。すべてのビージャマントラを唱え終わったら全身に残る振動を感じながら、数分瞑想に入ります。エネルギーが全身に気持ち良く流れ、心身がリラックスしている感覚を味わいましょう。
第1チャクラ：ムーラーダーラ・チャクラ：赤・会陰、ヨーニ（膣の入口）・地・舌先を前歯の裏につけてから〝ラーン〟（Lam）
第2チャクラ：スワーディシュターナ・チャクラ：濃いオレンジ、朱色・下腹部（骨盤腔内）・水・下唇を噛んでから〝ヴァーン〟（Vam）
第3チャクラ：マニプーラ・チャクラ：黄色・臍、みぞおち・火・巻き舌で〝ゥラーン〟（Ram）
第4チャクラ：アナーハタ・チャクラ：緑色、ピンク・心臓・風・〝ヤーン〟（Yam）
第5チャクラ：ヴィシュッダ・チャクラ：青、スカイブルー・喉・空・〝ハーン〟（Ham）
第6チャクラ：アージュニャー・チャクラ：紺色・脳の中心（松果体）・なし（強いて言えば識、光）・〝オーム〟（Om）
第7チャクラ：サハスラーラ・チャクラ：白、薄紫色・頭頂部・元素なし・なし、強いて言えばハミングのように〝ンー〟（n—）

Ⅳ ヴィシュッダ・チャクラを活性化するガイド瞑想

So Ham瞑想

「So Ham」はサンスクリット語で「彼（So）は私（Ham）」という意味を持つマントラです。このマントラは、個体である自己と宇宙の普遍的な意識（神）とのつながりを表現しています。このマントラを唱えると、個体のアイデンティティを超越し、宇宙全体（神）との調和を感じる手助けをしてくれます。前述した「梵我一如」のようにズバリ「私は神そのものなのだ」ということを理解していくためのパワフルなマントラです。

まずは首の後ろの上部に丸めたタオルを敷き、首を緩め、後頭部は床につけたままにして仰向けで寝転びます（動画は座位で解説）。そして、ムーラーダーラ・チャクラ（P069）に意識を向けてから、頭頂部に触れ、サハスラーラ・チャクラ（P213）を感じてみましょう。

そして、ムーラバンダを行い、この二つのチャクラを結ぶクリスタルのスシュムナーをイメージしてください。その後、スシュムナーの中の一番下の会陰に位置するムーラーダーラ・チャクラに、光の球体があるとイメージします。そうしたら、Ｓｏ《ソー》と唱えながら、光の球体を頭頂部に向かって上昇させていき、スシュムナーの中を通る光の球体の動きを感じてみましょう。次は、Ｈａｍ《ハム》と唱えながら、光の球体を頭頂部から会陰まで下ろしていきます。これを３分程度行ってください。なお、この１回のＳｏＨａｍの過程は一息で行ってもよいですが、息が続かなければ、光の球体が頭頂部に到達したところで息を吸ってもかまいません。

続いて、Ｓｏを心の中で唱えながら、

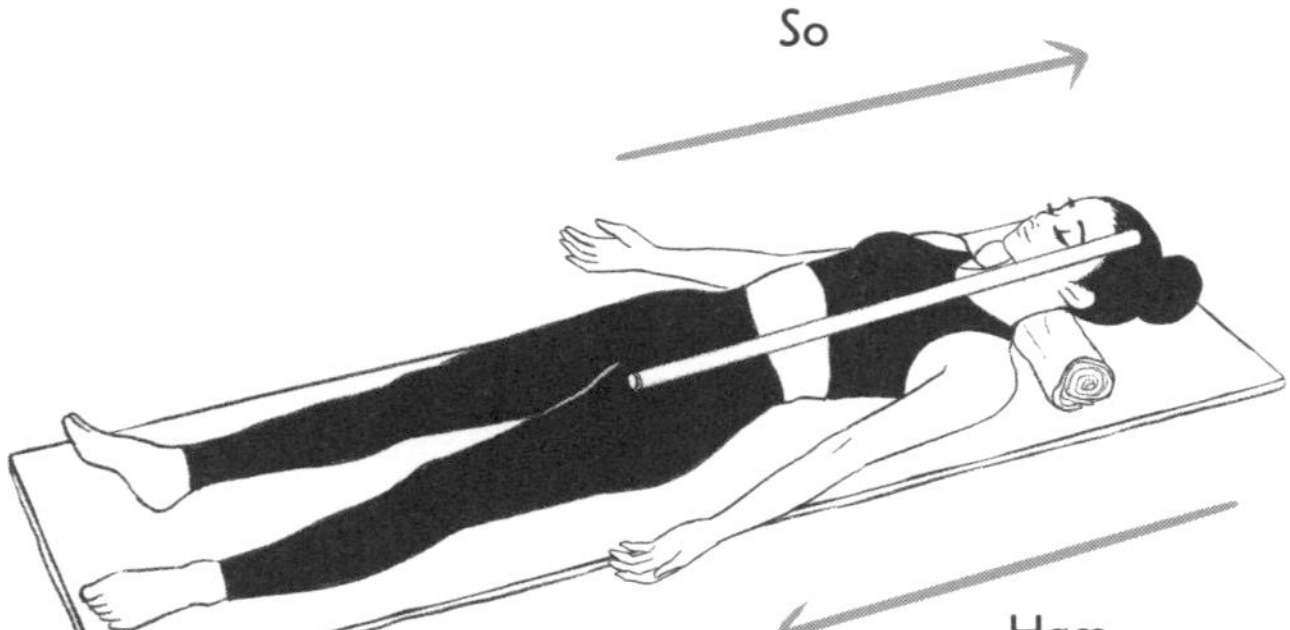

So Ham 瞑想

So と唱えながら光の球体を頭頂部に持っていき、Ham と唱えながら光の球体を会陰まで下ろす。

Ｍｍ《ンー》とハミングします。この時も光の球体をゆっくり上昇させ、頭頂部まで持ち上げていきます。そして、Ｈａｍと心の中で唱えながら、ハミングし、光の球体を頭頂部からスシュムナーを通って会陰まで下ろしていきましょう。これを3分程度行ってください。先程と同様にＳｏＨａｍの過程は一息で行ってもよいですし、球体が頭頂部に到達したら一息吸ってもかまいません。

最後は、吸う息で光の球体を上昇させながら、Ｓｏを無音で心の中で唱えます。そして、吐く息で光の球体を下降させながら、Ｈａｍを無音で心の中で唱えます。ワークを好きなだけ行い、自然にマントラが消滅していくのを感じます。身体と心が空っぽで無になる感覚（空）を味わいながら瞑想を続けます。好きなタイミングで瞑想を終了し、座り直して数分、その感覚に浸ります。

CHAPTER

8

第6チャクラ

―アージュニャー・チャクラ―

आज्ञा चक

アージュニャー・チャクラのはなし

「アージュニャー」はサンスクリット語で「知覚・認識・指令」を意味し、「サードアイ」（第三の目）としても知られています。アージュニャー・チャクラは、五大元素（地、水、火、風、空）と関連していませんが、強いて挙げるとすれば、識と光のエレメントに当てはめることができます。このチャクラは個人の自我を超えて、無限の宇宙意識（ユニバーサルボディ）にアクセスする場所でもあります。

チャクラワークの解剖生理学的見解では、アージュニャー・チャクラの中心を脳の中央に位置する「松果体」と定義しています。松果体は睡眠ホルモンであるメラトニンを分泌し、生体リズムと生殖ホルモンの調整もしています。このようにアージュニャー・チャクラの領域は人間にとって生命を維持するうえで大変重要な役割を担っています。また、アージュニャー・チャクラは、眉間に位置する「スタパニーマルマ」を起点にした脳全体を包括するエネルギーセンターでもあります。

脳は全身を司り、あらゆる情報を知覚し、認識する役割を担っていますが、自己を観照す

CHAKRA CHART

アージュニャー・チャクラチャート

エネルギーボディ	ユニバーサルボディ（宇宙意識）
位置	脳の中心（松果体）
働き	観照・観る、直感、内観、理解、自浄力、中立、解析、他のチャクラのコントロール
色	紺色
元素	なし（強いて言えば識、光）
音	Om《オーム》
育つ時期	35 ～ 42 歳
肉体	脳、目、鼻、小脳、中枢神経
腺	松果体（第三脳室）、脳下垂体
感覚	五感が鋭くなり超感覚が強まる、第六感、直感
音	精神を高揚させる音、マントラ
学び	直感を信頼する

る源です。このチャクラに意識を向けてワークをすることで、観照者の視点を得ることができるようになります。

もし、心身の感覚に引っ張られていると気づいたら、この視点に戻ってみましょう。すると心身が徐々に落ち着いていきます。そうした時間を増やしていくと、感情、思考、行動に対する深い洞察が生まれ、集中力が高まります。

アージュニャー・チャクラが育つ時期（35〜42歳）

35〜42歳は精神的な自立が始まり、これまでの経験が知恵に変わっていく時期となります。また、ヴィシュッダ・チャクラが育つ時期に精神的に成長できたかどうかがアージュニャー・チャクラの発達にも大きな影響を与えます。

この時期は「問い」の時期と言えます。40歳に差し掛かると、経済面でも生活が安定していきますが、人生に物足りなさを感じたり、疑問が湧き上がったりしてくることがあります。場合によっては生活が破綻するような出来事が起こることもあるでしょう。昔から厄年（41

歳前後）には、転職、移住、病気、事故、親の介護、子供の問題、離婚などが生じ、これらの出来事を通じて、自分の生き方を見直すきっかけになると言われています。

しかし、人生においてこうした苦難の数々に遭ったとしても決して悪いことではありません。むしろこの困難な時期を経て精神的なエネルギーを養うことこそが大切になります。この時期は後で振り返ると「あの出来事があったからこそいまがある」と感じられるような出来事が多く起こります。今後の人生を豊かに生きるうえでもこの時期をどう過ごすかが大切になります。

私自身を振り返ると35歳で子供を授かり、37歳の時に日本での生活を手放し、バリ島へ移住した時期に重なります。そして、無我夢中でチャクラを研究し、その成果をチャクラワークとして紹介するようになりました。すると、その教えを学びたいと言ってくださるたくさんの方々に恵まれ、ティーチャートレーニングをスタートすることになったのです。私にとっては小さな子供を育てながら、新しい人生のスタートを切る重要な時期でした。

生活の中でバランスを取るヒント

瞑想の時間を毎日持つ、寝過ぎを避けて1日のリズムを大切にする、知覚立体感（あらゆる角度からものを観る感覚）を常に持つ、一人の時間を大切にする、意識をすべていまという瞬間に向ける、過去に生きたり、未来を心配し過ぎたりしない、心と身体の休暇をとる、静かな場所に行って情報を遮断する

アージュニャー・チャクラワークを行う際のポイント

松果体がアージュニャー・チャクラの中心ですが、チャクラワークでは「第三脳室」もその一部だと見なしています。なぜなら、第三脳室は脳脊髄液を生成することで、脳と脊髄に養分

を運んだり、老廃物を除去したりといった生命を維持するうえで重要な役割を持っているからです。脳脊髄液の循環は「脳の呼吸」とも言うことができ、ワークを通じてリズミカルな流れを促すことによって身体全体のエネルギーにも良い影響を与えます。

そこで、まずは脳脊髄液の流れを自分で感じてみましょう。具体的な方法は後述しますが、このワークをする際は両手を頭を包むように置き、頭蓋骨の微細な動きを感じます。初めのうちは難しく感じるかもしれませんが、瞑想が深まってくると、掌の中で頭蓋骨が微細に動き、調整される感覚が少しずつ掴めるようになります。このワークを続けていくと、頭が次第に丸く良い形へとアライメントされていきます（興味がある方は「クラニオセイクラルセラピー」を調べてみてください）。

その結果、全身の血流や脳脊髄液の流れが良くなり脳の働きが最適化されます。さらに、プラーナの流れも良くなるので、思考が静まり、瞑想が深まります。こうした状態で観照者の視点に立ってみると、「いまにいる」状態になることができます。これはヨーガスートラにおける「チッタ・ヴルッティ・ニローダ」すなわち「マインドの働きを鎮めた」境地です。とはいえ、なかなかイメージしづらいかもしれませんので、観照者の視点を養うシンプルな練習法を紹介したいと思います。

まずはコンパスで描いた円をイメージしてみてください。円を描くには真ん中の点を定めなくてはなりません。その中心こそが「いまにいる」ことを指すと仮定してみましょう。そして、周りに描かれた円は何かをすることで生じる出来事や物事ととらえてみてください。

もし、頭の中が騒がしいと感じたら、深呼吸して身体をリラックスさせ、意識の中心に点（・〈ドット〉）を置き、そこに意識をとどめてみましょう。すると、思考が整い、感情がリラックスして、意識も澄み切った状態になります。この練習は手軽にできるのでおすすめです。

この練習を続けていると、日常生活の中でも観照者の視点で物事を観ることができるようになります。とはいえ、考えたり、行為したりすること自体を避けたいわけではありません。あるがままに物事を見ることこそがこの練習の肝となります。

アージュニャー・チャクラワークを行う際の身体の使い方のポイント

頭蓋骨の動き

頭蓋骨は主要な八つの骨で構成されています。各骨は縫合というつなぎ目によって接合されていますが、「脳の呼吸」によってわずかに閉じたり、開いたりしています（下図）。この動きを感じ取るのは至難の業ですが、動きを感じるために押さえておきたいいくつかのポイントがあります。

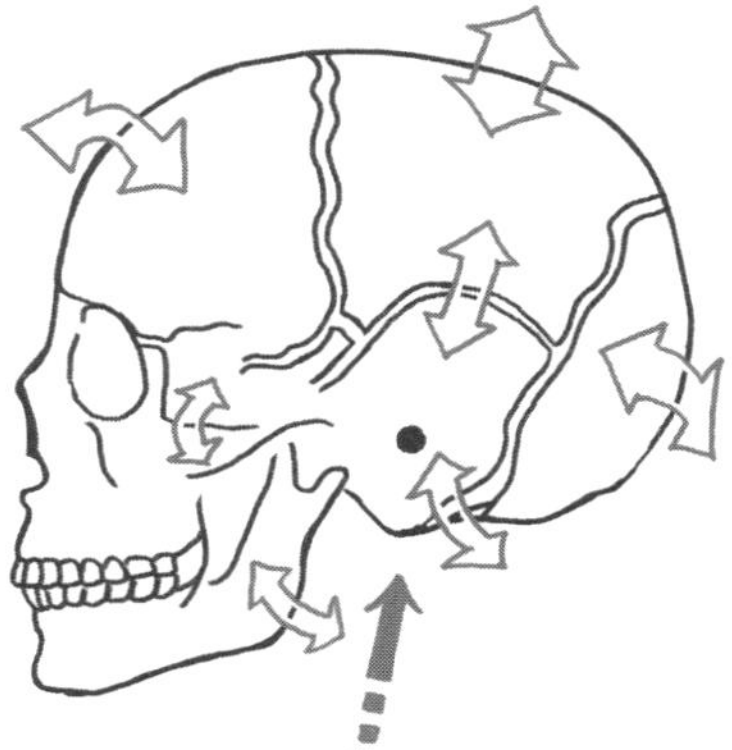

頭蓋骨の動き

脳の呼吸によって矢印の向きにわずかに頭蓋骨が閉じたり、開いたりしている。

まず、両手で頭を挟み、リラックスしてから呼吸をいつもよりゆっくりとしてください。そうしたら、指の腹や掌を使って軽く圧力を加えて、頭蓋骨の微細な動きを阻害しないようにやさしく触ります。さらに、指の腹や掌で頭部を動かすようにやさしく押したり引いたりしてみましょう。

すると、脳の呼吸の微妙な感覚に気づくようになるかもしれません。この動きを感じられるようになると、自分で血流や脳脊髄液の流れを整えてさまざまな不調を改善することができるようになります。その結果、集中力や深い瞑想状態がもたらされるでしょう。

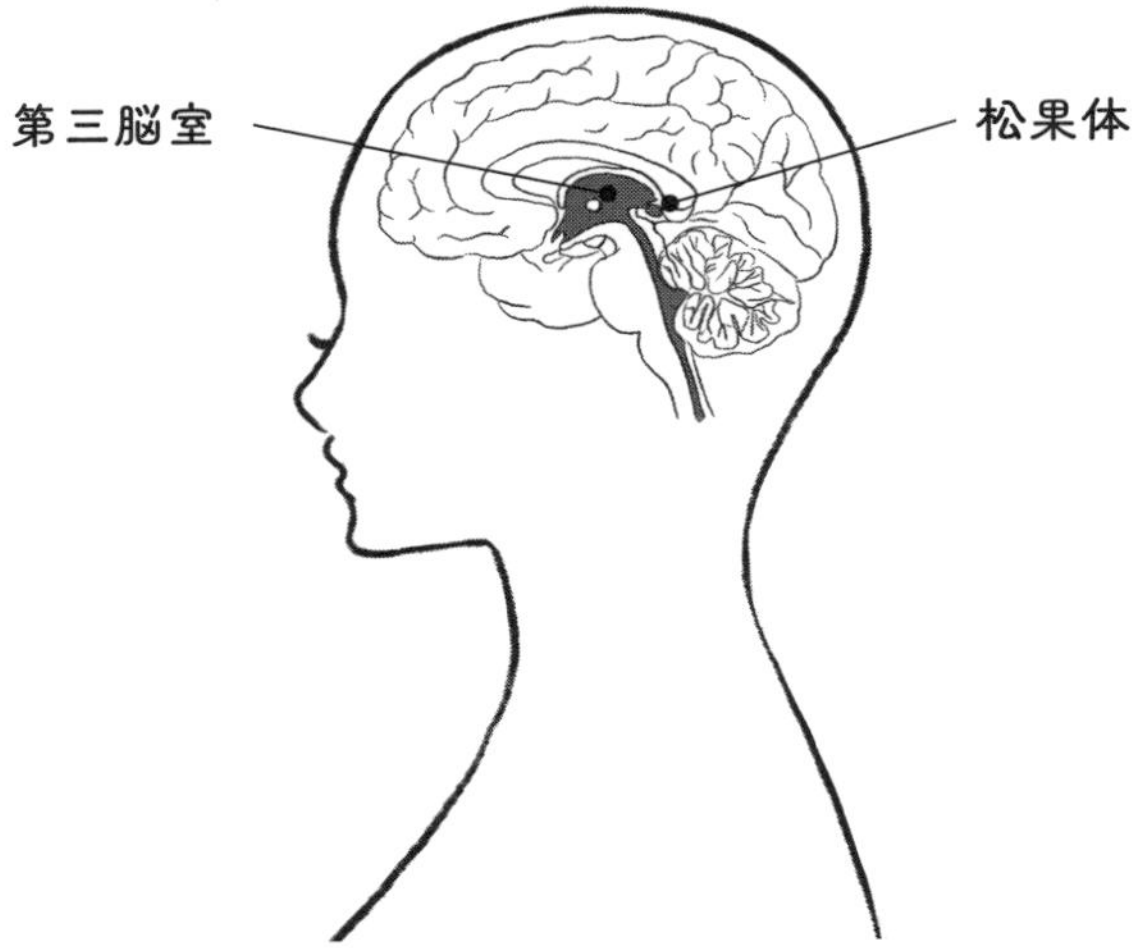

アージュニャー・チャクラの位置

I アージュニャー・チャクラを活性化するアーサナ

1 頭蓋骨の拡張収縮を感じる

このワークはアーサナではありませんが、アーサナ前に行うと、肺呼吸のリズムとは異なるより微細な脳の呼吸を感じ取ることができるようになります。このワークを続けることによって脳や神経系、心身のバランスが整います。

❶ 姿勢を整えて座り、両手で頭を横から挟むように触る。

❷ 指を大きく開き、両親指が盆の窪にくるように頭を包む。

❸ 目を閉じて深呼吸をしながら、肺呼吸とは異なる頭蓋骨の拡張・収縮を感じる。

※頭蓋骨の動きが分かればよいが、分からなくても作用はあるので問題ない。

❹ 頭がふにゃーと動き出し、10秒程度の間隔で膨らみ、萎むような波を感じる。

❺ リラックスしてこの状態を保つ。1分程度経ったら手を下ろし、呼吸や鼓動、思考が静かになっている状態を感じる。

頭蓋骨の拡張収縮を感じる

2 バーラーサナ（チャイルドポーズ）

このアーサナを取ると、頭部に血液や酸素が流れやすくなります。腰、背中、首、肩を伸ばすことになるので、筋肉の緊張もとれます。ストレスの軽減やリラックスにつながり、思考が静まり、心が穏やかになります。

❶ 正座で姿勢と呼吸を整える。

❷ 両手を返して甲を身体の左右体側に置き、後ろにすべらせながら、上体を丸めて前に倒し、額を床につける。

※このポーズが苦しいと感じる人は手を前に伸ばしたり、膝を広めに開いたり、額の下にブロックを置いたりすると負荷が軽減される。

❸ 肩の力を抜き、両肘を軽く曲げ、床に近づける。このポーズでリラックスし、眉間に意識を集中させながら、3～5呼吸の間ゆっくりしっかりと呼吸を続ける。首や肩、背中が緩むのを感じながら、心地良い状態をホールドする。

❹ ゆっくりとロールアップで起き上がりながら正座に戻り、手は腿に置く。これらを1セットを目安に行う。

3 ヴルクシャーサナ（立ち木のポーズ）

小脳は身体のバランス感覚を維持するうえで中心的な役割を果たしていますが、このアーサナを取るとその働きが活発になります。このアーサナを続けていくと、身体と意識の一体感が生まれ、神経のバランスが整います。

❶ ターダーサナ（P038）で立つ。両手は骨盤に置き、バランスが取りやすいほうの脚を軸にして大地を押して、もう一方の脚を上げる。

❷ 持ち上げた足裏を、反対の腿の内側の足の付け根に当てて押す。

❸ 胸の前で合掌する。ここでポーズをホールドしてもよい。

❹ バランスが取れている場合は、両手を頭上に伸ばしていき、自然な呼吸で20秒〜1分程度ホールドする。

❺ 目線を1点に定め、両足裏の土踏まずから頭頂部までの中心軸を意識し、徐々にアージュニャー・チャクラがまばゆく光り出す状態をイメージする。

❻ 息を吐きながら両手と両脚を下ろす。

❼ 反対も同様に行う。これらを片足ずつ1セットを目安に行う。

Ⅱ アージュニャー・チャクラを活性化するクリヤ法

1 バストリカプラーナーヤーマ

高速でリズミカルなバストリカプラーナーヤーマ（P132）を行うことで、体内の不純物を排出し、脳を活性化させ、集中力を引き出します。

2 トラータカ体操（目の体操）

トラータカ体操は視点を一つの対象に絞り込む練習で、集中力を高めるのに役立ちます。これによって副交感神経系を活性化させて、リラックス状態を促します。また、脳に刺激を与え、意識を覚醒の状態へと導く作用もあります。

眼球の筋肉を動かし、心身をリフレッシュさせる作用もあるので、眼精疲労を和らげ、視力維持にも役立ちます。全体を通して、ゆっくりと焦らずに行うことが大切になります。

❶ 姿勢を整えて座る。目を開いてから、右親指を立て、腕を前に伸ばして、10秒程度親指の先端を見つめる。

❷ 右親指をゆっくりと目の前に引き寄せて10秒程度見つめる。❶～❷を3往復繰り返す。

❸ 掌同士を擦り合わせて温かくなったら目を閉じ、目を覆うように手を当てる（パーミング。眼球には圧がかからないように注意）。

❹ 目を開き、右腕を前に伸ばし、親指を立ててそれを見つめる。そして、右親指を右側に移動させる。その際、顔は正面を見たまま視線だけで親指を追うようにする。これを10秒程度見つめる。

❺ 右手と目を正面に戻してから、パーミング。

❻ 左手で左側も同様に行う。

❼ 手と目を正面に戻してから、パーミング。これを3往復繰り返す。

❽ 目を開き、今度は手を使わずに顔を正面に向けたまま、視線だけを上に向けて10秒程度見つめる。

同様に顔は正面に向けたまま、正面、下、正面と10秒程度ずつ見つめる。この1セットでパーミングを入れる。これを3セット繰り返す。

❾ 目を半周させる。目を時計の針に見立て、1時〜7時の角度まで順番に時計回りに目を動かす。この1セットでパーミングを入れる。これを3回繰り返す。

❿ 同様に、11時〜5時の角度まで順番に反時計回りに目を動かす。この1セットでパーミングを入れる。これを3回繰り返す。

⓫ 目を閉じて眼球周りの筋肉が緩み温かくなったのを感じ取る。

3 眉間を撫でる

眉間の領域には感覚と運動に関連する神経が密集しています。この場所にはスタパニーマルマがあり、アージュニャー・チャクラの起点でもあります。この部位に意識的に触れることで、神経のバランスを整え、全身のエネルギーの流れを良くします。このワークは精神の平静を保ち洞察力も高めることができるので、意識的にやさしくゆっくりと撫でてみましょう。

眉間を撫でる位置

❶ 姿勢を整えて座り、目を閉じる。

❷ 人差し指、中指、薬指の3本を使い、眉間を中心にして時計回りに9周、ゆっくり繊細に撫でる。

❸ ❷で撫でたさらにその指の1本上を中心にして眉間を同様に9周撫でる。

❹ 最後に❸で撫でた指の1本上を中心にして眉間を同様に9周撫でる。

❺ 眉間を撫で終わったら手を下ろし、アージュニャー・チャクラでジーンとした感覚を味わいながら、しばらく座る。

Ⅲ アージュニャー・チャクラを活性化するエネルギーワーク

ウォーキングで瞑想状態をつくる

ゆっくりと歩きながら呼吸や身体に集中してみましょう。これによって集中力や気づきがもたらされ、いまこの瞬間に集中するプラクティスにもなります。座って瞑想をすると雑念が湧いて集中しにくい人は、このウォーキング瞑想からスタートしてみるとよいでしょう。

まずは静かで平らな場所で姿勢を整えて立ち、深呼吸をしながら遠くの一点に視線を定めます。そして、ゆっくりと注意深く歩き始めます。その際、足が前に出て地面に触れ、重心が乗り、後ろの足が持ち上がり、前に出ていくといったウォーキングの流れに注意を払ってみましょう。そして、足裏の重心の移動をできるだけ微細に感じるようにしてください。

また、余裕が出てきたら呼吸や全身の感覚に意識を向けてみましょう。周囲の音や香りにも意識を向けながら、五感の反応を注意深く観察するのもよいでしょう。たとえ、思考や感情が浮かんできても追い掛けないで、いまに集中してください。10〜30分程度続けたら、しばらく静かな場所で座り、瞑想を続けましょう。

Ⅳ アージュニャー・チャクラを活性化するガイド瞑想

Om Japa瞑想

心の働きを止めるために意識を一点に集中し続ける瞑想法を「サマタ瞑想」と言います。ポピュラーなのは、呼吸の動きだけに意識を向けたり、蝋燭の炎を見続けたりする方法ですが、ここでは音を使ったサマタ瞑想の一種「Japa《ジャパ》瞑想」を紹介します。Omの音に集中し、繰り返し唱えることで、音と一体になる瞑想法です。

インドやヨーガではOmは聖なる音とされ、宇宙の創造、維持、破壊を含んだ全体のプロセスを象徴する根源的なマントラになります。ちなみに、Omのような根源的な意味を持つ音は世界各地で散見され、ハワイでは「アロハ」、日本では「あうん・唵《おん》」が知られています。

まずは姿勢を整え、目を閉じてリラックスしてください。そして、深い呼吸を通じて心と身体を整えていきます。では、Omを唱えます。その際、大きな声を出す必要はなく、自然で心地良い波動が鼻腔や胸、額に広がるように声を出してください。なお、Omの音程は普段の話し声と同じ音程にすると、喉に負担がかからなくなります。

そうしたら、Omの純粋な波動に集中し、その振動に没頭しましょう。10分から始め、慣れてきたら、徐々に時間を延ばしていってください。終了時は、音を次第に小さくし、最後は声には出さず心の中でOmを静かに唱え続けます。余韻に浸りながら、平静の中で宇宙とのつながりを感じましょう。

CHAPTER

9

第7チャクラ

—サハスラーラ・チャクラ—

सहस्आर चक

サハスラーラ・チャクラのはなし

「サハスラーラ」とはサンスクリット語で「千枚の花弁」という意味を持ちます。サハスラーラ・チャクラは頭頂部にあり、アーユルヴェーダの施術ポイントである「アディパティマルマ」や、鍼灸の経穴である「百会《ひゃくえ》」と同一の場所とされています。解剖生理学的には、頭蓋骨の縫合が合わさる「大泉門」にあたり、頭部の真上よりもやや前方に位置します。この部位は出生後しばらくの間は開いていますが、1歳半頃になると閉じるようになります。ちなみに、古代からインドではこの場所から霊魂が入り、死ぬ間際には魂が抜けて離れていく「魂の出入口」とされています。また、この場所は宇宙・神・大いなるもの・真我とつながるとも考えられています。

ワークを通して頭頂部に刺激を与えると、ナーディーが活性化し、プラーナが全身へと流れ出します。サハスラーラという名前のごとく千枚の花弁がぱーっと広がるかのように、意識が覚醒し、魂が解放されたような強烈な感覚が起こります。深い覚醒状態に到達すると、「世界全体の調和や平和へと意識が向かうようになる」と私が指導を受けているグルがおっしゃって

CHAKRA CHART

サハスラーラ・チャクラチャート

エネルギーボディ	サマーディボディ（真我・悟り）
位置	頭頂部
働き	霊魂の出入口、宇宙とのつながり、悟り、ハイヤーセルフとのつながり、至福
色	白、薄紫色
元素	なし
音	なし、強いて言えば n—
育つ時期	42 ～ 49 歳
肉体	大泉門（冠状縫合と矢状縫合の合わせ目）、帽状腱膜、頭皮
腺	なし
感覚	直感、霊感
音	静寂、クリスタルボールサウンド
学び	高次元と一体になる

いましたので、まさに「開く」という言葉がぴったりな場所なのですね。

サハスラーラ・チャクラを開くには、過去や未来ではなく「いまここ」に意識を集中して観照者の視点を持つことが重要です。最初のうちはなかなか集中できないかもしれませんが、毎日実践することで徐々にこの状態を保てるようになります。すると、次第に観照者と行為者の視点が統合されていき、自己がなくなっていくようないわゆる「無」の境地に至ります。さらに、この境地にとどまると自己意識と宇宙意識が合一した「真我」の状態になります。これこそがヨーガにおいての至福の体験であり、今生の魂の目的であると言われています。

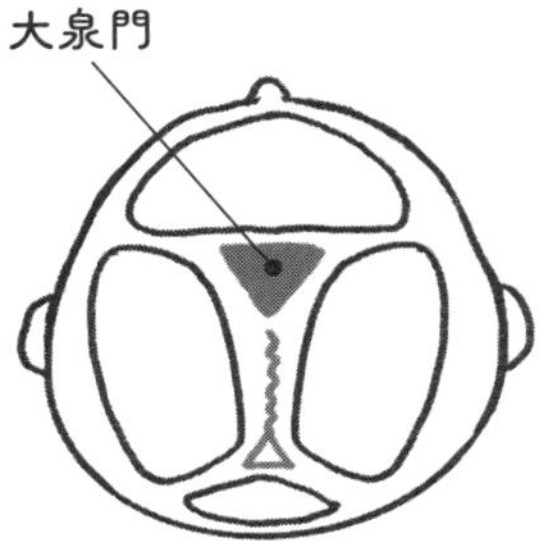

新生児の頭蓋骨

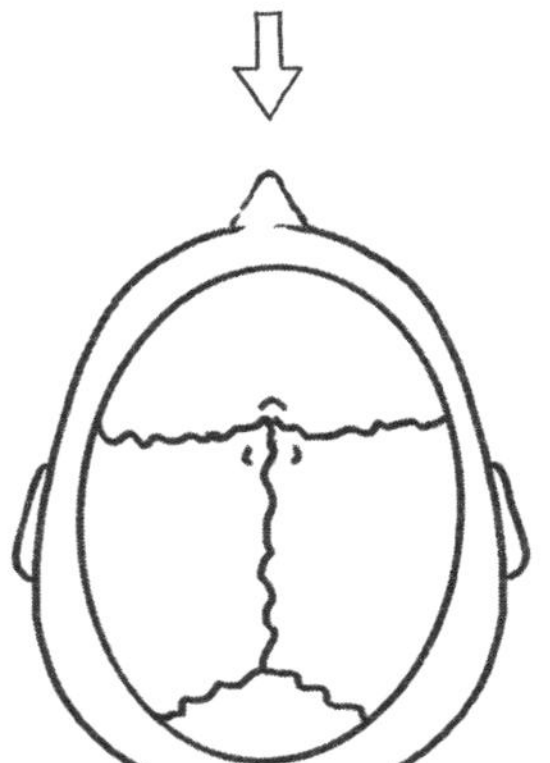

大人の頭蓋骨

大泉門

大泉門は出生後開いているが、
1歳半頃に閉じる。

サハスラーラ・チャクラが育つ時期（42〜49歳）

40代は人生の大きな岐路に立つ「葛藤」の年代であり、思春期に匹敵するほどの激動の時期です。この時期は後半の人生を豊かに過ごすためにもこれまでの生き方や人生観を見直し、場合によっては変革することも必要になります。つまり、古い生き方を手放さなくてはならない時期とも言えます。

人生における困難な時期に自分に向き合い、ありのままをしっかりと受け入れることは大変な苦痛が伴うので、誰しもが避けたいものです。しかし、この時期に自分の気持ちをごまかさずにありのままの自分を受け入れることができるかどうかが、後半の人生を決めると言っても過言ではありません。

シュタイナーによれば、「40代に入ると身体の各器官から自然と無駄な力が抜けていき、以前よりも肉体的な活動にエネルギーを割く必要がなくなる」そうです。しかし、この時期に外部の事象にこだわり、身体に無駄な力が入り続けていると、精神的な成長にプラーナが十分に使われなくなってしまいます。この状態になると、シュタイナーは「心身のバランスを崩し、病気のきっかけになる」と言っているので注意しましょう。

私はこの時期こそヨーガを始めるのに最適な時期ではないかと思います。本書にはヨーガで無理なく身体を動かすことでストレスを発散させ、免疫力を上げるテクニックが紹介されているので、実践してみてください。

私は現在48歳（2024年3月現在）で、サハスラーラ・チャクラが育つ時期をもうすぐ終えようとしています。確かに、自分を振り返ってもこの時期には大きな変化がありました。体力の衰えを少しずつ感じるようになり、人間関係の再構築も起こりました。

そして、2020年にはパンデミックが起こり、チャクラワークがオンラインへと移行しました。いままで以上に困難や葛藤を感じた時期ですが、すべては最善の方向へ動いているととらえ、観照者の視点で物事を見つめることでこの時期を乗り越えるようにしました。これからの人生がどう変わっていくのか。未来の自分に対し、期待に胸が膨らんでいます。

魂が育つ時期

本書では参考としてシュタイナーが提唱した49歳以降の魂の成長も解説しておきます。チャクラワークを行う際のヒントにしてみて下さい。

創造性を発揮する時期（49～56歳）

身体の衰えとともに新たな生活リズムを見出す時。道徳的・倫理的な視点が育ち、人生の本質と向き合う。また内なる創造性を発揮し、社会の課題に取り組むことを喜びとする。

本質を見極める時期（56～63歳）

人生を振り返り、洞察を深める時期。若い頃は理論的にしか考えられなかった事柄が現実的に解決できる人生の収穫期とも言える。これまでの人生で培った知恵と経験を統合し、世界を良くしたいという想いとともに外部への貢献を始める。なお、シュタイナーは、「人間は63歳で成長の頂点を迎える」としている。

第二の青春の時期（63歳〜70歳）

一人の人間として完成し、自由な境地で生きるスタートの時期。

内なる平安の時期（70歳〜77歳）

身体的な制限を超えた霊的な探求を通じて人生の終章を模索するステージ。

永遠への準備の時期（77歳以降）

これまでの人生の知恵と経験が最高潮に達する時。生死に対する深い理解と受容が育まれ、次なる次元へと向かう準備をする。

生活の中でバランスを取るヒント

自己を超えた大きな流れに身を任せる、新しい体験をする、定期的に日常から離れる時間をつくる、スシュムナーを意識して生活する、自分の人生の責任者になる、瞑想を毎日20分以上行う

サハスラーラ・チャクラワークを行う際のポイント

サハスラーラ・チャクラは、ヨーガの目的の一つである真我とつながる重要な役割を担っています。この境地に至るためには、下方のチャクラのワークを通じて課題として浮かび上がったサンスカーラなどは起こるべくして起こっていると認識することが重要です。すべてをありのま

ま委ねている状態を目指す必要があります。こうしたことを言うと難しく考えてしまいがちですが、リラックスして、自分の内部で起こる変化を楽しみながら、考え過ぎず、気持ちよくワークに取り組むことが大切になります。

サハスラーラ・チャクラワークを行う際の身体の使い方のポイント

スシュムナーを意識する

サハスラーラ・チャクラを活性化するにはスシュムナーが上方に伸びていく感覚を掴むことが重要です。そのためには、全身の筋骨格系を整えることが大切になります。なぜなら、頭皮は全身の皮膚とつながっているため、姿勢のミスアライメントや皮膚や筋肉の硬さが生じてしまうと、頭頂部に圧迫や負担をかけてしまうことにつながるからです。また、首の上部の関節（後頭関節・環軸関節）は頭を上方に引き上げ、姿勢を安定させる重要な役割を持っています。アーサナなどでこれらの関節を正しくアライメントし、頭部にしっかりと乗るようにすることが大切になります。

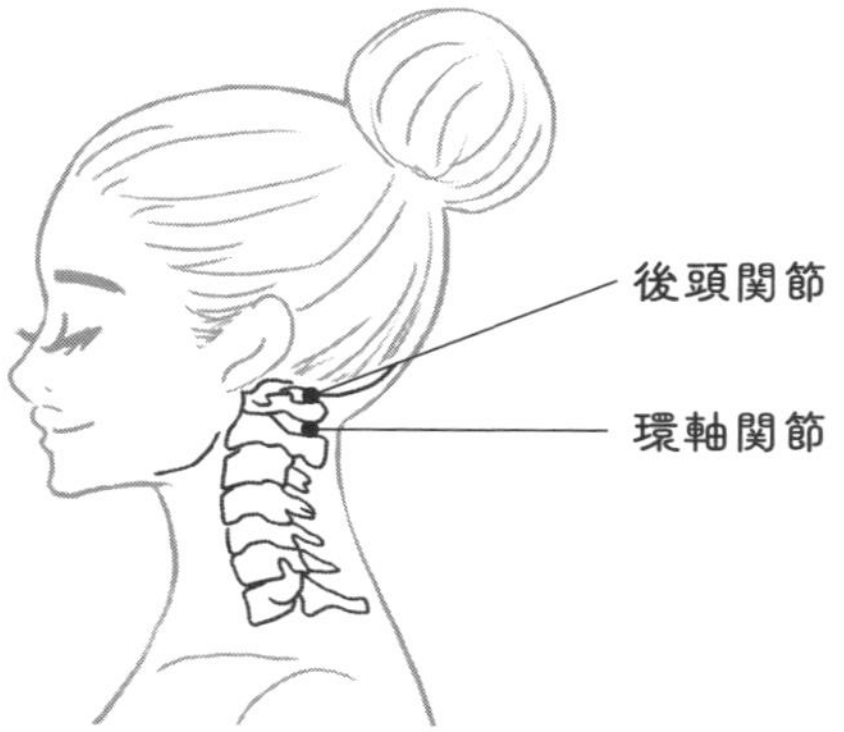

後頭関節と環軸関節

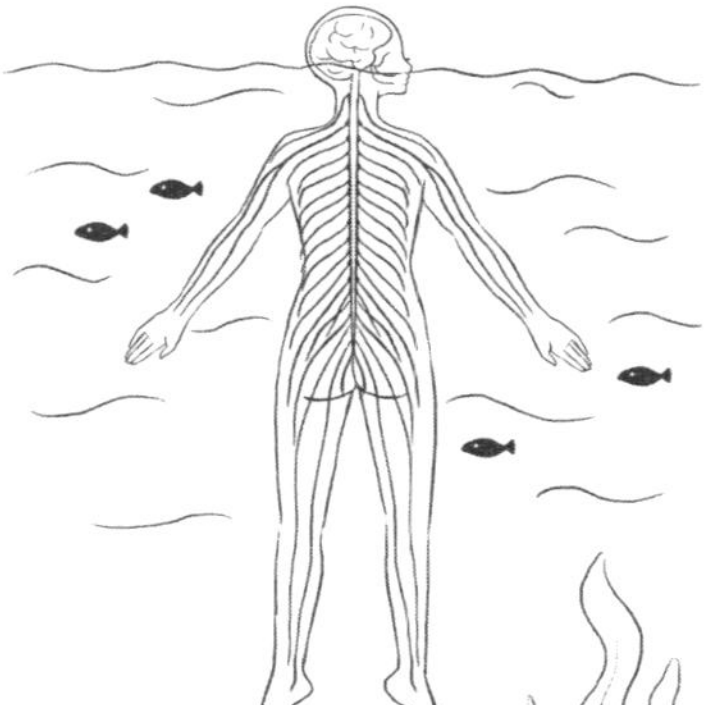

サハスラーラ・チャクラのアライメントのイメージ

全身の筋骨格系が整うと、頭が海に浮いているブイのようにふーっと軽く感じる。頭からスシュムナーが吊り下がっているイメージでアライメントを整えると姿勢が決まる。

I

サハスラーラ・チャクラを活性化するアーサナ

1 トラータカ体操（目の体操）

アージュニャー・チャクラのトラータカ体操（P204）とは、別の方法で目の体操を行ってみましょう。目を意識的に動かすことによって後頭部や首の付け根の動きに良い影響を与えます。

❶ 姿勢を整えて座り、目を開いて正面を見つめる。

❷ 視界の端の四つのポイント（左上、左下、右下、右上）を見つめる。この時、目を先に動かし、後から首を横にかしげていく。

❸ この四つのポイントの中で一番目を向けやすい位置を見つけたら、そこを集中して見つめる。

❹ 5〜10秒程度見つめた後に正面を向いてリラックスし、目を閉じ、パーミングを行う。

❺ 再び一番見やすいポイントを見つめる（同じ場所であっても、違う場所になってもかまわない）。

❻ これを繰り返し行い、四つのポイントすべてが見やすくなったら終了する。

❼ 目を閉じてリラックスし、目と後頭部や首の付け根周辺が温かく軽くなっている感覚を味わう。これらを3、4分を目安に行う。

トラータカ体操

目を動かすことによって後頭関節と環軸関節に良い影響を与え、首のアライメントが整う。

その結果、頭頂部がまっすぐ天に向くようになる。

2　アルダマッツェンドラーサナ（ねじりのポーズ）

アルダマッツェンドラーサナ（P127）で背骨を自分で調整し、アライメントを整えてみましょう。正しい姿勢を意識し、骨盤を立て、横隔膜と顎を水平にし、背骨を伸ばしてください。痛くない程度に首までしっかりとねじりましょう。

3　シャシャンカーサナ（うさぎのポーズ）

ヨーガ初心者の方、首が弱い方で4で紹介するシールシャーサナが難しい場合は、このアーサナを行ってみましょう。このアーサナを行うと頭頂部に刺激が与えられるので、頭に血液がスムーズに流れやすくなり、首の筋肉が緩み、動脈や静脈の圧力も軽減されます。

❶ **正座になり、姿勢を整える。**

❷ **両掌を床につけて上体を前に傾け、額を床につける。**

❸ 両掌で体重を支えながら、顎を胸に引き寄せる。そして、尻を上げて頭頂部を床につけ、首の後ろが伸びている感覚を味わう。両肘は肩幅にキープし、肘の下に掌がくるようにする。

❹ 目線を一点（腿の間）に定め、自然な呼吸で5～10呼吸の間ポーズをホールドする。

❺ 姿勢を戻す際は尻を踵に戻し、額の下に両手を重ね、バーラーサナ（P201）で30秒程度休憩する。

❻ ゆっくりとロールアップで正座に戻り、目を閉じて頭頂部の感覚を味わう。これらを1セットを目安に行う。

4 シールシャーサナ（頭立ち）

3のシャシャンカーサナに慣れてきたら、シールシャーサナを行ってみましょう。シャシャンカーサナよりも頭頂部に刺激が加わるので、頭に大量の血液とプラーナが巡り、全身のナーディーも活性化します。このアーサナが慣れないうちは、壁の前に二つのブロックを置いてください（動画はブロックを使って解説）。ブロックは頭立ちになった時に首の付け根や肩甲骨に当たって支えられる位置に置くとよいでしょう。このアーサナを行う際は肘でしっかりと体重を支え、頭への荷重は背骨の椎体側（前方）で受け止めるようにしましょう。

❶ **正座で座り、姿勢を整える（慣れていない人は壁に向かい、ブロックを壁に沿わせて縦に立て、その上に横にしたブロックを重ねる〈P229写真〉）。**

❷ **上体を前に倒し、左右の掌の間にテニスボールが入るくらいの間隔で指を組み、手首と両肘で三角形をつくり、床に置く。肘は肩幅以上に開かないようにする。**

❸ **腕を床につけたまま、後頭部を両掌で包む。**

❹

しっかりと両手首と両肘で床を押しながら、尻を持ち上げてつま先立ちになり、両脚を伸ばす。背筋や首に筋肉がついてきた人は、しっかりと手首と肘で床を押し、ブロックに首を当てがって息を吐きながら前屈をするように、ゆっくりと顔のほうへ脚を歩かせていく（初心者はここでポーズを終了してもよい）。

❺

息を吐きながらムーラバンダ（P076、P088）とウッディーヤーナバンダ（P124）を用いて両脚を壁のほうへと持ち上げ、全身が一直線になるように伸び上がるようにする（この時、踵を壁につけてもよい）。ここでポーズをホールドする。

※慣れていないうちは、壁にしっかりと密着させたブロックに首の付け根や肩甲骨が当た

ブロックの置き方

シールシャーサナに慣れていないうちはブロックを使うとよい。

るようにする（頸椎への圧迫を軽減するためにサポートする）。

❻ 体重が頭頂部だけにかからないように、両手首と両肘で床をしっかり押し続ける。

❼ 目線を一点に定め、自然呼吸で5～10呼吸の間ポーズをホールド。慣れてきた人は踵を壁から離して両脚を上方に向けて上げていく。

❽ 姿勢を戻す際は股関節を折り、膝を少し曲げながら、ゆっくりとつま先を床につける。

❾ 急に頭を起こさないように注意して、額の下に両手を重ね、バーラーサナ（P201）で30秒～1分程度休む。

❿ 正座に戻り、目を閉じて頭頂部の感覚を味わいながら、脳が活性化されていることを感じ取る。初めは5～10呼吸ポーズをホールドする程度を目安にする。慣れてきたら3分を目安にホールドの時間を伸ばしてもよい。

Ⅱ サハスラーラ・チャクラを活性化するクリヤ法

下方のチャクラから順に活性化するクリヤ法。下から突き上がってくるようなエネルギーの上昇感を味わえるでしょう。

1 ムーラバンダ

P076、P088を参照。

2 バストリカプラーナーヤーマ（ふいごの呼吸）

P132を参照。

3 眉間に指を当てる

眉間の皮膚を持ち上げることで背骨周りの筋肉と首をリラックスさせることができます。先述の通り、頭皮には全身の重みがかかるので、眉間の皮膚を持ち上げると、頭頂部の皮膚が緩み、全身がリラックスする感覚を掴めるようになります。全身のエネルギーをサードアイへ、さらに頭頂部へと移動させるイメージで行いましょう。

❶ あぐらあるいは正座になり、姿勢を整える。

❷ 利き手の指を揃え、中指が眉間にくるようにやさしく額に当てる。そして、眉間の皮膚を約５㎜上方に持ち上げる。

❸ 30秒～１分程度ホールドする。

❹ この間、ゆっくりと息を整え、リラックスした状態で頭の中や首周辺が徐々に緩んでいく感覚を味わう。

❺ 一定時間が経ったら、ゆっくりと指を離し、眉間や頭の中の感覚を味わう。

眉間への指の当て方

中指が眉間にくるようにやさしく額に当てて
眉間の皮膚を約5㎜上方に持ち上げる。

4 ケーチャリームドラーをしながら上を向く

後頭部から首や肩、背骨周りの筋肉（脊柱起立筋、僧帽筋）を一旦緊張させてから、緩めることによって、血行促進とリラックス効果を得ることができます。

❶ 姿勢を整え、あぐらあるいはボルスターに跨るように座る。

❷ 目を閉じ、ケーチャリームドラーの簡易版を行う（P182）。その後、息を吸いながら頭を上方に反らせ、目は閉じたままでサードアイで観るように上を向く（この時、後頭部から首、脊柱起立筋、僧帽筋などが緊張する感覚を意識する）。

❸ 3カウント程度息を止めてポーズをホールドする。その後、息を吐きながらゆっくりと顔を元の位置に戻し、顎を引きながら首の後ろを伸ばす。これらを3回繰り返す。

❹ 上を向いたまま、ケーチャリームドラーを行う。鼻呼吸で、20秒～1分程度ポーズをホールド（首に嫌な感覚を感じたらすぐに止める）。

❺ 苦しくなる前に息を吐きながら顔を戻し、顎を引いて首の後ろを伸ばす。

❻ 首がスーッと通り、エネルギーが頭頂部まで上がっていくようなイメージでしばらく座る。

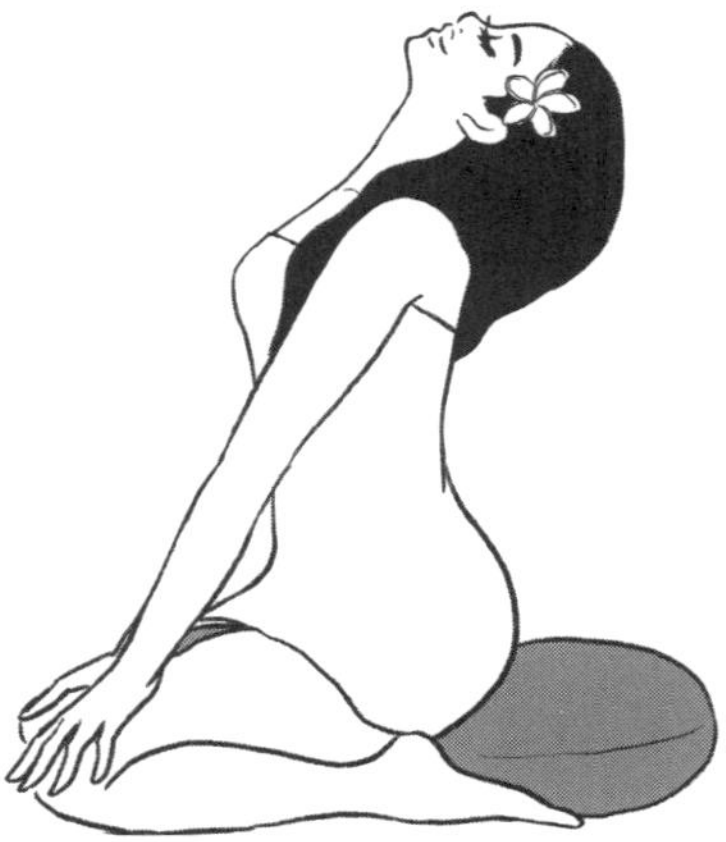

ボルスターに跨がり、ケーチャリームドラーをしながら上を向くとよい。

III

サハスラーラ・チャクラを活性化するエネルギーワーク

頭頂部を解放する

頭頂部を刺激することで、血液の循環が良くなります。これによって後頭部の筋肉の緊張が緩和し、脳の機能も改善します。

❶ あぐらあるいは正座で姿勢を整え、目を閉じて座る。

❷ 頭頂部を両手の指先でトトトと1分ほどやさしくタップ。

❸ 両手の指を組んで頭の上に置き、両手と頭で押し合う。

❹ ゆっくりと両手を頭頂部から離していく。その際、両掌や頭頂部の感覚、両手と頭の間の空間などを意識しながらゆっくりと離す。

❺ 頭頂部で天と交信しているようなイメージで両手を天に伸ばす。1分程度ポーズをホールドする。

❻ ゆっくりと手を下ろしていき、頭頂部が解放された感覚を味わいながら座る。

上方に両手を伸ばして上げたまま、頭頂部で天と交信しているような感覚を味わう。

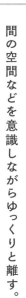

Ⅳ
サハスラーラ・チャクラを活性化するガイド瞑想

超越瞑想

超越瞑想はイメージが大切です。瞑想前にまずは鼻より上の頭部がなくなり、その場所に白に薄紫が混ざった真珠色の千枚の花弁を持つ蓮の花がバーンと大きく咲き誇っている様子をイメージしてみましょう。そして、天から降りてくるプラーナの光を受け、花弁が波打っている様子をイメージします。

準備ができたら最初に姿勢を整えグラウンディングを意識してカンダ呼吸法（P054）を繰り返し、カンダにプラーナを集めます。そして深く息を吐きながら、蓮から茎が下へ伸び、根を大地に伸ばすようにイメージします（これから意識を上昇させていくが、根を大地にしっかりと張って安定させるイメージ）。

それでは、根から大地のエネルギーを吸い上げ、身体の中心であるスシュムナーに沿って上昇させていきます。光のボールがスシュムナーを上昇し、七つのチャクラを通過して上がっていきます。頭頂部まで上がったらもう一度息を大きく吸いながら、頭上に光のボールを創り出し、その中に自分がいることをイメージしましょう。

そうしたら、息を力強く吐き、そのボールを空に向けて上昇させていきましょう。その後、呼吸は自然呼吸に任せながら、ボールをさらに上昇させていきます。雲を通り抜けて、大気圏へと上昇し、宇宙に飛び出していきましょう。明るい層も、暗い層も、熱い層も冷たい層も、密度のある層、赤色、金色、ピンク色、水色の層もすべて超えていきます。あなたがイメージできる宇宙空間全体へと意識を広げていきましょう。そして最終的にイメージできない向こう側の世界であるすべての根源へと入っていきます。すると、身体がふわっと軽くなり、安らぎに包まれる感覚が広がっていきます。

宇宙の根源とつながったら、自分がその場所に溶けていくようなイメージで自分の存在を共鳴させていきます。すべてが一つにつながっているワンネスの状態を体験するかもしれません。宇宙の根源からもたらされる光の中で、至福のバイブレーションを感じます。好きなだけここにとどまり続けてみましょう。

瞑想から戻る際は、宇宙の根源から光のシャワーを浴びるイメージを持って一気に宇宙空間から戻ってきます。光が頭頂部から入り、全身に広がって大地へと染み渡ります。さらにその中心に向かって意識がゆっくりと下降し、地球のエネルギーとしっかりとつながるようにイメージします。その後、数回カンダ呼吸法を行い、グラウンディングします。肉体に意識を戻し、余韻を味わいつつ、手で身体を触ったら少しずつ目覚めていきます。

CHAPTER

10

人生を変える

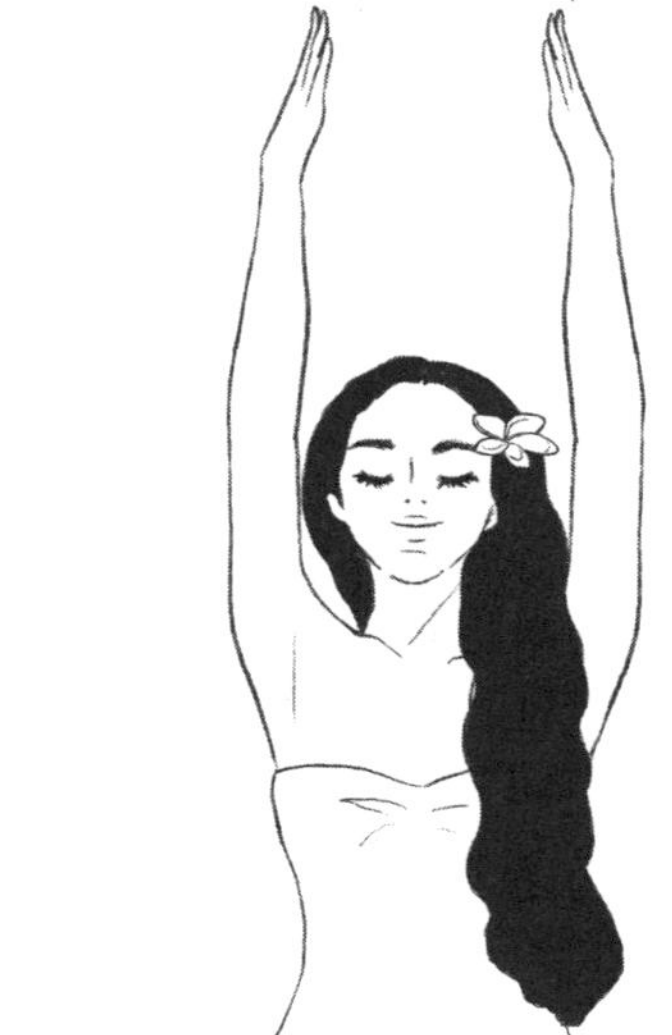

आ लफ़ि९४देछन्गनि्ग्

七つのチャクラワークの深め方

私の師・ババジは、「人間がサマーディに到達するためには数百万年の進化が必要だ」とおっしゃっていました。しかし、ババジは「チャクラにフォーカスしたクリヤ法、瞑想を毎日実践することによって、約14日間であなたの各チャクラエネルギーが育ち、自己が統合される。クリヤ法をしっかりと身につけ、強いサンカルパ（願望）を持つことで、真我とつながり、サマーディへの道が拓かれる。プラクティスを続けなさい」とも説いていました。

したがって、みなさんは本書を読むだけでなく、一つのチャクラワークをそれぞれ14日間、七つのチャクラワークを合計3ヵ月半続けることによって最大の作用をもたらすことを覚えてきましょう。本書はヨーガ初心者の方でも無理なく実践できるように難しいワークは紹介しておりません。本書とQRコードの動画を見ながらワークに取り組んでみてください。

チャクラシステムは、本来の自分を見出し、自己実現へと導いてくれる驚異の教えです。ワークによってあなたの身体の筋骨格や神経系などを整えると同時に、過去の記憶や心を浄化し、魂の成長ももたらします。そこでみなさんに注意して頂きたいポイントがあります。それはワークのスタート前に、夢や大切にしておきたいものなどのあなたのサンカルパをはっきりとイメージし、意識化することです。そうすることによって、サンカルパの達成に向けて、プラーナが作動し、勝手に身体が動くようになります。おのずと大切な決断をする時の思考のパターンも変わってくるはずです。

また、ワーク中は、プラーナをはっきりとイメージしながら、身体の感覚と呼吸に意識を集中し、焦らず、ゆっくりとワークをしてください。本書で紹介する各章ごとのチャクラワークをすべて行うには、40分前後かかりますが、毎日すべてのワークを行わなくてはならないわけではありません。時間がない時は一つのアーサナでも、クリヤ法でも、瞑想だけでも結構です。ほんの10分だけでもよいので、毎日ワークを行い、日々チャクラに意識を向け続けましょう。

途中で止めてしまいたくなるチャクラワークは、そのチャクラの性質に関連したトラウマなどがあったり、エネルギーが弱かったりするのかもしれません。そんな時こそ淡々とワークを続けてください。もちろん月経時や風邪をひいた時はゆっくり休んでください。しかし、チャクラに意識を向けることだけは忘れないようにしましょう。ちなみに、エネルギーが弱いと感じたチャクラがある時は、そのチャクラに関連する何かしらの問題がある可能性が高いと言えます。チャクラが異常を感じ取っているのだと思い、ゆっくりと自分をいたわりましょう。

もし、ワークをやっていく中で物足りなさを感じた時は時間を延ばしてもかまいませんが、初めに頑張り過ぎて途中で投げ出さないようにしてください。実はチャクラワークについてババジがドキッとすることをおっしゃっていたので、みなさんに紹介したいと思います。

「チャクラワークをやり出したら、必ず最後までやり切ること。途中で投げ出したら、あなたの人生はそのチャクラの成長で終わってしまうよ。やるならすべて貫通しなさい」

究極のサンカルパ「サマーディ」

サンカルパを設定することで、思考や行動が変化すると紹介しました。ちなみに、インドのヨーガ行者の究極のサンカルパは先ほどのババジの言葉で紹介したサマーディです。サマーディとは、サンスクリット語で「無我の境地、三昧」を意味し、超意識状態のことを指します。しかし、サマーディは言葉で説明できるものではなく、実際にその状態になってみないと分からない境地です。そこで、究極のサマーディに到達したババジの講話を紹介したいと思います。

「サマーディとは瞑想の中で生命の根源に還っていく営みである。一つになり、完全になり、全体になり、すべてが静止する。アウエアネスまでもが消えていく、いままで経験したことのない状態だ。サマーディに至れば、宇宙の創造のプロセスを辿り、すべての宇宙の謎が明らかになり、死の領域を超えることになるだろう。サマーディとは、知識だけでは到達しえない体験する真理である」

これを読んでみなさんはどう思われたでしょうか？「サマーディに入るのは難しそう―！私なんて無理」と思われたのではないかと思います。しかし、ババジは「人間は誰もがすでに悟っており、本気になればサマーディに到達することができる」といつもおっしゃっていました。また、ババジは「あなたの究極のゴールをサマーディに設定すると、それに達するための環境や人間関係なども自然に整う」と教えてくださいました。それからは私もサマーディを人生の目標にすることにしました。本書のまとめとしてババジから教えられたサマーディへと至るために大切になるポイントを紹介したいと思います。

サマーディを目指す人は、精神性を高めることだけを追い求める傾向があるのですが、実は欲望などのエゴと呼ばれるエネルギーもしっかりと見つめていくことが大切になります。ババジは「一つひとつのチャクラが持つ性質を自分の中でしっかりと感じ、体験しなさい。最終的にそれらの束縛から解放されて超えていくことが大切なのだ」とおっしゃっていました。

したがって、チャクラワークをする際は、第1～第3チャクラを下位のエネルギーだと見なして適当にやらないように注意してください。これらのエネルギーも大切なエネルギーだということを認識しておきましょう。また、自分のネガティブな感情も無視せずに意識を向けるようにしてワークに取り組むようにしましょう。すると、各チャクラが解放されて活性化し、恐怖や性エネルギー、感情のもつれなどから解放されていくのを実感できるようになります。こうした感情の高まりをありのまま見つめ、乗り越えていくこともサマーディへの大切な一歩になります。ぜひサマーディという究極のゴールを目指して、課題を一つひとつ丁寧に見つめながらワークに取り組んでみてください。本書は、ヒマラヤ行者たちが長年かけて培ったクリヤ法やチャクラの教えを紐解くことで、サマーディへと至るプロセスを安全かつ効率的に進めていけるように構成されています。本書のワークを深めていけば、今生でサマーディへと到達することは不可能ではないと考えています。

しかし、仮にワークの方法を学び、チャクラの知識を深めたとしても、実際に経験しないと意味がありません。何よりも大切なのは、あなたが自分でワークを実践し、感じ、経験することです。たとえ、あなたの経験が本書に書いてある内容と違っていても問題ありません。それぞれの感覚でよいのです。

さらに、チャクラワークを実践し、人生を豊かにするために、押さえてほしいポイントがもう一つあります。それは、あなたの経験を自分の生活の中に落とし込んでほしいということです。「確かに何か感じる！」といった感覚を、自分の身体と心でありのまま体験し、あなたの価値観を大切に育てていってほしいのです。そうした経験はやがて智慧となり、あなたの一生涯の先生になるはずです。こうして培った智慧が時に、あなたの人生を明るく照らし出してくれることになるでしょう。

人間は土台からしっかりと理解し、経験を積んでいけば必ず成長することができます。誰しも初めて登る山には不安がつきものですが、本書と動画を見ながら実践していけば必ず頂に到達できるはずです。焦らず、自分のペースで理解を深めていきましょう。

終わりなきチャクラワークの旅

チャクラワークを実践する中でチャクラが目覚め、新しい出会いやアイデア、チャンスが訪れるかもしれません。そうした機会が訪れた時は頭で考え過ぎずに一つずつ直感に従い行動してみましょう。リラックスしながらも、できるだけ意識をいまに向け、自分を自分で見守りなががら進んでいきましょう。また、ワーク中は大きく感情が揺さ振られることもあるかもしれませんが、Love & Peaceをモットーに深呼吸を心掛けてみてください。

本書のポイントに注意しながら、ワークを深めていけば、第7チャクラのワークが終わる頃には、最善の形であなたのサンカルパが花開くでしょう。とはいえ、チャクラワークの習熟度にはやはり個人差があります。チャクラワークを1周するだけでは、サンカルパには到達しないかもしれません。しかし、根気強くワークを繰り返し続けていくことで、最終的にはサンカルパの実りを迎えることでしょう。

また、チャクラワークを1周した後は、「今日はこのチャクラワークをやりたい」と思うこともあるのではないかと思います。例えば、「愛する人とセックスをする時に第2チャクラワークをしたい」と思ったり、「大事な選択をする前には第6チャクラワークをしたい」と思ったりすることがあるかもしれません。そうした欲求に気づいたら、ためらわずにワークをしてみてください。

もし、実際にやってみてしっくりこなかった時は下方のチャクラワークを行うことで、プラーナが高まり、弱まっていたチャクラにもエネルギーが行き届くようになります。自分で研究しながら、チャクラワークを自由にアレンジしてやってみてください。もし、ワークをやっていてよく分からなくなった時は、第1チャクラからもう一度スタートしてみましょう。このようにチャクラワークは一度行ったら終わりということはありません。あなたの人生とともにチャクラワークの旅は続くのです。

ワークを通してチャクラを育てていくことによって、やがて自分の中で魂、心、身体の三位一体の調和のバイブレーションが生まれ、地球全体とのハーモニーを奏で始めます。すると、あなたのサンカルパはさらなる高みへと変化していくことでしょう。ぜひ、チャクラワークを1周したら、みなさんの旅をメールにて聞かせて頂けたらと思います。みなさんの体験談を楽しみにしています。

Chakra Work© Masumi
e-mail ： masumi@zenvilla.com

おわりに――チャクラワークはすべての人のもの――

本書は、私がヨーガとチャクラシステムに触れ、23年の歳月をかけて培った内容をまとめた本となります。初めてヨーガに触れた頃は、身体が硬く、人前で話すことやじっとすることが苦手でした。しかし、苦手意識があったのにもかかわらず、ヨーガとチャクラワークへの好奇心と探求心を止めることはできませんでした。ヨーガと出会い、その作用に驚き、「ヨーガの真髄に触れたい。秘法を知りたい」と探し続けた結果、ついにヒマラヤヨーガに出会い、直感でこれが私の求めていたものだと確信しました。そんな私が『チャクラの教科書』としてチャクラワークを一つの体系にまとめることができたことが奇跡のようです。

チャクラワークは、私自身にとっても絶大な恩恵を与えてくれました。なんと言っても苦手意識が強かったヨーガが私の人生の使命になっているくらいなのですから。そして、人生のゴールであるサマーディへと向かうための環境がチャクラワークによって整っていきました。これもチャクラワークのおかげだと思っています。

チャクラワークは身体が健康で、柔らかい人だけのものではありません。身体が固くても、何歳からでも、ハンディキャップを持っている方でもヨーガの叡智によって人生を前向きに歩ませてくれる教えです。身体が思うように動かない場合は、アーサナは無理をせず、クリヤ法とイメージだけでも十分作用があります。チャクラワークは私たちの肉体が朽ち果てるその日まで精神を成長させ、意識を高めることができる教えなのです。

また、チャクラワークを通じて得る経験は、感情や心、自己の探求に深く関わるものです。アーサナや呼吸法などを通じて生理機能をコントロールし、体内のプラーナが制御され、その結果として心や思考が落ち着いてきます。つまり、ワークを通して、心身のバランスを取り戻すことができるとともに、自分自身を深く理解する環境が整うようになるのです。このことを身をもって体験すると、ヨーガが身体だけでなく心も制御するということが実感でき、「毎日やろう！」という気になってくるはずです。ヨーガは頭で理解するものではなく、身体を使ってやるしかありません。行動あるのみです。

実際に私もヨーガやチャクラワークのプラクティスをしていく中で、過去の記憶や感情を解放することによって、自由な精神を手に入れることができるのだと気づきました。チャクラワークを通して自分の弱さや改善すべき点、才能などに気づくだけでなく、人生を深化させることができたのです（本書ではワークを通じた私の心身の変化をエピソードとして紹介しているので、参考にしてみて下さい）。

また、3万人を超える生徒さんの体験からもそのことを実証することができます。私自身の人生を振り返ってみても、10年間不妊に悩まされていたにもかかわらずチャクラワークを始めて娘を授かることができました。私と同様に子供を授かった生徒さんはたくさんいらっしゃいます。その他にも、人間関係を終わらせたり、転職したり、結婚したりするなど、新たな人生のスタートを切る生徒さんたちもたくさんいます。さらに、疎遠になっていた夫婦関係や親子関係が変化し、愛が溢れる家族になっていく様子もたくさん見てきました。才能を開花させ、仕事を成功させた方、美しさに磨きをかけてビューティーコンテストに出場された方、子育てに自信を持って、楽しく人生を送っている方など、素晴らしい体験談の数々を聞かせて頂いています。なぜこんなにもチャクラワークは人を変化させるのでしょうか？

七つのチャクラワークは、あなたの盲点を見つけてくれます。内観を通して自分一人では気づけなかった長所や短所を再構築するための行動をとる勇気を培ってくれるのです。そうした気づきがあなたのゴールを達成するための大きな原動力となることでしょう。「自分の夢が叶わなかった原因はこんなに小さなことだったのか⁉」と愕然とすることさえあるはずです。

チャクラワークはあなたの人生の指針となり、親友となります。あなたを中心軸に、美しいチャクラを配置し、回転させ、開花させてください！　あなたはもう一人ではありません。大地と天とつながり、チャクラエナジーはあなたを守るために光り輝いていきます。自信と安心を持って幸せに生きてください！

感謝の言葉

まず初めに、先代のヨギーたちが築き上げたハタ・ヨーガとチャクラシステムの深遠な智慧と教えに深く感謝いたします。この伝統を受け継ぎ、現代に普及させ、広めてくださったパイロットババジに心からの感謝を捧げます。彼の尽力がなければ、私たちはこれほど深くヒマラヤヨーガの恩恵を受けることはできなかったでしょう。ババジに出会えたこと、ディクシャを頂けた奇跡に感謝します。

また、ババジの知識を私に伝え、ババジにお目にかかる機会を与えてくださったKajuさんに深く感謝します。彼の導きとサポートがなければ、私のチャクラワークへの旅はありえませんでした。

チャクラは目に見えないものです。本書では、ヨーガやチャクラを学ぶ中で渡部博樹さんから得た解剖生理学の知識を簡潔にまとめて紹介しています。ともにチャクラを研究し、知識を伝授してくださった博樹さんに感謝しています。

また、チャクラワークに音楽を乗せ、その世界観とともに色とりどりに表現してくださっている松久浩之さん。彼の才能と無償の愛に感謝しています。

日本のインド文化研究家である伊藤武先生にも感謝いたします。伊藤先生のマルマヨーガ養成講座を受講し、インドやヨーガの歴史、ハタ・ヨーガ文献、チャクラの歴史について深い知識を学ぶことができました。本書には先生からの学びが随所にちりばめられています。

さらに、難解な呼吸法の詳細を講座の中で丁寧にご指導してくださったUnion Yoga Japan代表の児玉俊彦さんにも感謝をお伝えします。

さらに、私を悟りの道に導いてくださっている北島成浩さんにも感謝を捧げます。彼の指導が私の気づきに対する理解を深め、自己の成長と変容をもたらしてくれています。

最後に、チャクラワークに興味を持ち、一緒に学び、人生に活かしてくださっている皆様に感謝いたします。感謝の念を込めて。

Chakra Work© Masumi

参考文献

＊ グードルン・ブルクハルト．樋原裕子訳．バイオグラフィーワーク入門新装版．水声社，２０２２．
＊ 大村祐子．昨日に聞けば明日が見える．ほんの木，２００３．
＊ 伊藤武．マルマヨーガ講座１～４．Yogini Association Japan.
＊ 児玉俊彦．呼吸法講座テキスト．Union Yoga Japan.
＊ 北島成浩．真実の結晶．ラファエルワークス，２０２２．
＊ あめつちの学校，大人の学び「星がたり」第１回 シュタイナーの人間観・七年ごとの魂の成長について．
＊ 神戸シュタイナーハウスnote. https://note.com/steinerkobe

著者紹介

Chakra Work© Masumi

1975年、京都生まれ。塚原万澄。チャクラワーク創始者。2002年からヨガ指導スタート。2009年にウッタラカシでパイロットババジの指導とディクシャを受ける。2012年からバリ島ウブドに移住。現在（2024年）までで、ヨガ講師育成1500人以上、国内外リトリートとTTCを100回以上開催し、魂を変容させる「チャクラワーク」を沢山の方に伝授している。

チャクラの教科書
潜在能力を100%引き出し、人生を変える

二〇二四年九月 一 日　初版第一刷発行
二〇二四年九月三〇日　初版第二刷発行

著　者　Chakra Work© Masumi
制作・発行　サンスターナ
発売所　株式会社めるくまーる
東京都千代田区神田神保町一―一一
電話　〇三―三五一八―二〇〇三
URL https://www.merkmal.biz/
装　幀・本文デザイン　PASSAGE
イラスト　Mighty Su
組版　COMPOSE
印刷・製本　株式会社シナノ

ISBN978-4-8397-0188-8 Printed in Japan